溝口健二・全作品解説

14

『浪華悲歌』その1
〜大阪モダンと村野藤吾〜

佐相　勉
Saso Tsutomu

東京図書出版

溝口健二・全作品解説　14◇目次

第一章

第二章

第一章

『浪華悲歌』の大阪モダン

一、封切まで

『マリヤのお雪』（１９３５年）から溝口の映画はすべてトーキーとなる。だが『マリヤのお雪』も次の『虞美人草』も溝口にとって不本意な作品であった。いずれも現在プリントが残っているが、たしかにトータルに見れば出来の悪い作品である。溝口も、溝口の周辺も何とかしなければという思いが強くあったらしい。その頃のことを高木貢一（孝一）はこう語っている。

「虞美人草」なんか僕が責任助監督で、溝口さんの不調時代です。それで僕等も大変責任感じてた訳ですよ。その頃たま〳〵小津さんの「浮草物語」が出たんです。僕と寺門君（佐相註＝静吉。当時、溝口の助監督から監督へと昇進）が大変感激しちゃいましてね、溝さんもあゝ云う写真撮らなきゃ駄目だなんて、溝口家に居候している我々が悪口云ってた訳です。そうした所が溝口さん二階から降りて来て何時の間にか後に立って聞いてたんですね。この野郎、お前等に何が分るかって大変怒られた揚句が、何かじや俺がやるのにどう云つたものがいゝか探して来い、と云う訳なんですよ。それでね、寺門君はそれ迄に大分映画経験があるけど、僕は唯だ小説を読む一点張りで……それで、こう云うものどうですかつて出したのが、岡田三郎の「寒夜」と「三枝子」……そしたらね、君は映画知らないからこう云うものばかり持つて来るけど、これは文学で映画じやないつて云うんですよ。

（「溝口健二監督を偲んで」『時代映画』1956年10月号）

表向きはこう高木をつっぱねた溝口だが腹のなかでは『三枝子』は映画になると思ったらしい。そこで依田義賢の登場となる。彼の言を引用してみよう。

病気上りの私は、まだ、充分に、回復はしませず、少し疲れると発熱するような状態ではありましたけれど、映画界から、捨てられたような気持がやるせなくて、なんとか、復帰したいと焦燥し、第一映画に入っていた原健一郎君（鳥居寅夫）をたずねて、第一映画へ入れてもらえないものだろうかと、すがりにゆきました。そしたら、原君が「溝さんに頼んだらどうや、僕からもいうといてやるから」といってくれ、十年（佐相註＝1935年）の三月頃だったでしょうか。御室の仁和寺の前の溝口さんのお宅へ伺いました。（略）応接間に通されて、はじめて溝口さんと親しく口をきくのです。どうぞして第一映画に入れてもらえるようにと、それぱかり念じていましたが、溝口さんは私のことを原君からきいたが、シナリオを書いて下さい、その上で話をしてあげようということで、奥から持って来られたのは、「新潮」かなにかの雑誌で、それに載っていた岡田三郎氏作の「三枝子」という小説を示されて、「これを、大阪を舞台にして、考えてくれませんか」ということでありました。

（『溝口健二の人と芸術』田畑書店、１９７０年、49〜50ページ）

寺門静吉、高木貢一というような助監督連がいてね、これをやれいうて、勧めたらしいんですよ。岡田三郎の「三枝子」ですか、それをやれっていって勧めたらしいんです。それを、溝口さんはこれだけでやったんじゃしようがない、関西物にしたいという気持ちを持ったんだろうと思います。そうでなかったらそれまでシナリオを担当していた高島達之助君とか、寺門君たちにやらせるはずなんですよ。そんな関西でやるんだったらいやだ、それは溝口さんだめだなと言ったようなことだったんでしょう。ところがそこへ私が出てきたもんだから、この男なら関西弁も出来るし、おまえひとつ考えてみろということになって、（略）

（『個人別領域別談話集録による映画史大系』日本大学芸術学部映画学科、１９７９年、１９９ページ）

岡田三郎の『三枝子』は『新潮』1935年9月号に掲載された短篇小説で、溝口は以前、岡田が片岡鉄兵・浅原六朗・林房雄とともに書いた連作小説「都会交響楽」(『文学時代』1929年6月号)を映画化したことがある。『三枝子』は次のような話である。


女学校を卒業した三枝子はある百貨店に勤めていたが、都築進という大学生との生まれて初めての恋に破れて自棄になり、鹹になりかけているところを中年過ぎのブローカーの文倉佐之助に救われ彼の懇意の電気器具商会の事務員となった。支倉との愛のない金銭だけの不健全な関係におちいった矢先、三枝子は作家の成瀬壮太との恋愛遊戯にも入りこんでいった。

三枝子の父は役所に勤めていたとき、他人の借金の連帯保証人になったのだが、やがて「老朽淘汰の篩にかけられて」役所をやめさせられ、しかも連帯保証人としてのっぴきならぬ金が必要となり、それが調達できなければ強制執行される羽目におちいった。三枝子は成瀬に相談したがにべもなく断られた。そこで支倉から出た金を父母に渡した。父も母も金の出所について何も聞かなかった。「三枝子はかうした世の中そのものを、うとましく思ふやうにもなつて来た」。

その頃、三枝子は保険会社に勤める村井道夫と知合った。村井に対しては他の二人の男とは違って「なんの成心もひそめない単純素朴」な気持になれた。ふと三枝子は何もかも隠して処女のような顔をしてこの村井と結婚してもいいと思うようになった。そんな時、偶然、満州から帰ったばかりの梅津龍造と出会った。三枝子は彼の口ききでデパートに入れたのであり、役所にも隠然たる力をもっている人物だった。梅津は三枝子の父の就職口があるかどうか知り合いの会社の部長に電話をかけてくれた。そして今夜部長の家に行って事情を話してみなさい、と言われた三枝子は、親切な梅津に感謝して部長の家に向かった。だが梅津としめしあわせていた部長に三枝子は蹂躙されてしまった。もう村井とは会うまいと三枝子は決心した。

それから二三日後に、父は梅津から書面をもらい、例の部長の推薦で会社の就職が決まったと、三枝子に上機嫌で話した。「父や母がよろこんでゐる今度の就職の裏面に何があったか、それを大きな声で暴露してやりたい衝動をおさへるのに、三枝子は人知れず奥歯をかんでゐた」。

『三枝子』を読んだ依田はこれをどう大阪に移したらよいかと考えた。

この話を一番始めに云われた時には金のことばつかり云つてるラブシーンが書きたいなと思つた。前からやりたいと思つていたから会えば金の話ばつかり、又経済的にも云わざるを得ないような若い恋人同志、これを四貫島あたりを背景にやつたら面白いだろうと思いついた。

（依田義賢「溝口作品について思い出を語る」『時代映画』1956年10月号）

何とかまとめて溝口に見せると、「これでは生活が少しも書けてない。これじゃ困りますということで、女主人公の勤めているところを、道修町の薬屋にしてくれという註文で書き改めてゆく」（『溝口健二の人と芸術』50ページ）。道修町《どしょうまち》というのは後にまたふれる機会があるだろうが、江戸時代から続いている老舗の製薬会社が集まっている町である。

ところが、わたしの見たところでは、溝さんは私が書く関西弁（京都弁が出て、大阪なまりが充分じゃなかったのですが）の調子が、大変面白かったようで、関西弁から出てくる、ねっとりした、人間の体臭というようなものに心をひかれたようでした。「君、人間を描かなくてはだめですよ、人間の体臭が匂うように描かなくてはだめですよ」といいました。それから「かんきつだよ。かんきつな人間を描いてもらいたいんだよ。かんきつ、みんなえげつない奴ばっかりだよ、この世の中は」と、しきりに、この「かんきつ」という言葉をいうのです。（略）ねじけた、いつわりの多いという意味でわたしは、溝さんが歯をかむようにしていう語気からして、油断のならない、腹黒な、あるいは、手きびしい、非人情な世界と人間を書けという風に受けとりました。

（『溝口健二の人と芸術』51ページ）

『三枝子』は東京が舞台になっている。三枝子の勤める電気器具商会は京橋にあり、三枝子が村井や支倉に会うのは銀座である。それを溝口が大阪に移したのは、「カフェー・ダンスと、青い灯、赤い灯にうつつを抜かしていた」当時の世相を背景に「奸譎な人間を描くには舞台は関西がいい」（「溝口作品について思い出を語る」）と思ったからである。

溝さんは、どういう風に構成する、話をつくると、具体的にはいってくれません。考えては書いてゆくと、これじゃだめだと一蹴される。（略）「君、あれですよ、あれ、あれ、ちかっちかっと光ってるだろ、庭の。」／何をいうのかわからないで庭をみると、石仏のあたり、陽に光って、しぐれのようなのが光って地べたを刺しています。あの苛烈な鋭い、針のような感覚をいうのだなと解釈して、それを作品にどう現わしたらいいのかと思いまどいます。／「荷風の『つゆのあとさき』というのを読みましたか。」／「いいえ。」／「だめだね、あれだよ、ああいうのがほしいんだ。君、西鶴を知ってるかい。」／「いいえ。」／「西鶴を知らないのか、上方のものが、西鶴を知らないでどうするんだ。君は何も知らないんだね、困ったね、それじゃ。西鶴ですよ。早速、読んでください。」／そんな調子でやられます。

（『溝口健二の人と芸術』51～52ページ）

依田は熱の出る体を休み休みさせながら、十何度も書き直して、ようやく全体がかたまってきたが最後が弱いと溝口はいい、菊池寛の『父帰る』のような芝居が欲しいという。そこで、『父帰る』の父をヒロインにおきかえて、警察から戻ってきたヒロインが家族から冷たくされてまた家を出るシーンを書いた（「溝口作品について思い出を語る」）。

「まあ、これ以上、君には書けないでしょう」。仕方がないと本を第一映画にもってゆき、永田さんや川口さんたちの前で本読みをしました。／「面白いじゃないか」ということで、『浪華悲歌』という題もつけられました。

（『溝口健二の人と芸術』53ページ）

この「なにわ・えれじー」という題名については、「溝口、依田の考えていたのはエレジーと云った甘い感じではなく、もっと辛い題名だったんで、だから題名には少し不服があったわけです」（「溝口作品について思い出を語る」）ということになる。『別冊太陽　映画監督・溝口健二』（平凡社、１９９８年）の33ページに『浪華悲歌』の箱書きが掲載されているが、そこには『女の敵』と題されている。これが溝口・依田が考えていた元々の題名であろう。

キャスティングはヒロインの村井アヤ子に山田五十鈴。『愛憎峠』『折鶴お千』『マリヤのお雪』と溝口映画のヒロインを演じ、次の『虞美人草』にも出演する予定だったが、妊娠のため役をおりていた。

「浪華悲歌」の撮影開始直前に、彼女は一人の女の子を生んだ。今流に数えれば十九歳一カ月に満たない母である。夫は俳優の月田一郎で、その女の子が後年の嵯峨美智子である。月田との結婚を、父の九州男は許さず、父と反目していた

（清水晶「山田五十鈴さんと映画」『悲劇喜劇』1983年4月号）

山田五十鈴自身に語ってもらおう。

『浪華悲歌』を撮るとき、先生がわたしの出生から家族のことまで、すっかり調べ上げてらっしゃったのには驚きました。でも、そのおかげでしょう、当時親とうまくいっていなかったわたしには、あの主人公の気持がよく分かって、思い切って演じることができ、演じるということの喜びを初めて本当に味わったと感じました。この映画で引退するつもりだったのに、終わってみたら、どうしても女優を続けたくなってしまったのです。

（岡村民夫「リリアン・ギッシュが羨ましいと山田五十鈴は言った」『映画新聞』1993年9月1日号）

撮影も終りに近い頃になって、私の扮する少女が、警察から家に連れ戻されてくるシーンになりました。家では兄と妹がすきやきの最中です。そこへ入っていった私が、「すきやきや、うちもよばれよう」というセリフがあります。ここで俄然ゆきづまりました。何度やっても、どういいようを代えても先生のお気に入らないのです。／何十回テストがくり返されたでしょう。遂々その日はだめでした。／いままで調子よくいっていただけにこれはショックでした。家へ戻っても食事ものどに通りません。しょげこんだ私の頭の中に、いままで撮り続けてきたカットがまるで自分自身の経験のように思い返されてきました。あの役が自分か、自分があの少女なのか、恐らく一緒になっていたのでしょう。そして今日のシーンまでたどりついたとき、私の中に叫び出しそうに突き上げてくるものがありました。私は兄妹たちに異端視されていることをはっきり知っているのです。でも何とかして温かく迎えて貰いたいんです。反抗と、それ故の愛を求める気持と、両極端の感情が妥協せずにぎりぎりせめぎ合っているセリフなのだ、あれは。やっとあのシーンで「表現しなければならないこと」が解ったのです。／翌日は一回でＯＫでした。終って先生が一言「昨夜寝てないんだろう」とおっしゃったとき、こらえていたものがせきを切ったようにふき出して止りませんでした。／役は誰に教えられるものでもない。自分自身で創り上げるものだということが、始めて身体で解りました。

（「溝口先生と『浪華悲歌』の想い出」『溝口映画の特集』フィルムライブラリー助成協議

会、1965年）

アヤ子の兄・弘には浅香新八郎（溝口作品への出演はこれのみ）、妹の幸子には『虞美人草』で五十鈴の代役にたった大倉千代子、いずれも第一映画の俳優である。アヤ子の恋人・西村には「最初は月田一郎がやる筈だつたが、月田がカンベンしてくれといふんで」（小倉武志「横から眺めたロケーション」『オール松竹』1936年6月号）、千恵プロから原健作を招いた。原も溝口作品への出演はこれ一本だけである。

異色のキャスティングはアヤ子の父・準造の竹川誠一と、アヤ子が電話交換手として勤める製薬会社の社長・浅井惣之助の志賀廼家弁慶である。それまで映画に出たことのないこの二人について溝口は座談会でこう語っている。

飯田　弁慶といふ役者はどうして連れて来たのですか。

溝口　関西訛りの台詞の云へる人が殆どゐなかつたのです。第一映画は時代劇が多かつたものですから、時代もの向きの人が多いのです。それで松竹の事務所の人に聴きまして捜しに行つたのです。現役で舞台に出て居る人は映画に出て貰ふと、一ヶ月もかゝるとなると使へない訳です。それで舞台に出たことのある人で今は商売をやめて居る人を捜したのです。

山本　弁慶は何処にゐた人ですか。
溝口　志賀廼家淡海一座にゐた人です。
岸　そこの上の方にゐたのですか。
溝口　上の方らしかつたやうです。それをやめて料理屋をして居りました。あの中に出て来る人達にはさういふ人達が多いのです。
山本　「浪華悲歌」でアヤ子の父の役をやつた人はどういふ人なのですか。
溝口　あれは大変な役者なんですよ。今では芸者屋の親父か何かして居ますが、昔の高田実の弟子なのです。それであれは自分には地の役だと云つて苦笑してゐました。
山本　初め小泉嘉輔だつたと聞きましたが、さうでなかつたのでよかつたのですね。
溝口　名は竹川誠一といふのです。
友田　まるで失業救済映画みたいですね。
山本　さういふ人達は矢張り溝口さんが捜すのですか。
溝口　京都市内外、それから大阪、神戸辺りを随分捜したですね。
友田　その人達の芝居を見たことがあるのですか。
溝口　ありません。芝居を隠退した人とか、やめた人とかですから。しかしさういふ人達は時折放送局なんかに臨時に雇はれて、いろいろ出ます。
岸　あの人達は映画を二本やつて見て離れられなくなつてしまつたのぢやないですか。

溝口　竹川といふ人は二度目には駄目でした。あれつきりで他のものは出来なかつたです。
友田　弁慶の方がよかつたですね。
北川　弁慶といふ役者は頭は余りよくなかつたやうでしたが、熱心でしたね。
溝口　相当熱心ですね。それで買えます。
友田　弁慶といふひとは永年小芝居にゐた人特有の不思議な味を持つてゐる。
山本　みんな「味」だ。
岸　どういふ訳でせうか、弁慶はとてつもなく臭い感じの時と、とてつもなくリアルの時とありますね。
溝口　ありますね。臭く誇張しないと出来ない時が間々あります。所謂、ソガノ家風とでも云ふのでせうか、そういふ時僕はあの人に、あなたは芝居を知らない。是が芝居だ、と大分叱られたことがあります。そこがそれです、臭く見えるのでせう。しかし一面から云つて兎も角、非常に熱心でした。

（「溝口健二座談会」『キネマ旬報』1937年1月1日号）

竹川誠一の演じたアヤ子の父親は溝口の父にそっくりだったという。岸松雄がこんなことを書いている。

明治四十五年（略）中学へあがりたいという健二の切なるねがいは、どうしても父に許してもらえなかった。（略）このころから父親との仲はしだいに悪化し、健二はますます意固地になって行った。（略）大正四年十二月二十七日、母のまさが死んだ。健二は十七歳（略）母を追慕する情が強まるにしたがい、父にたいする反感はつのるばかりだった。それは憎悪に近かった。原因は性格的なものであった。健二の父にたいする憎しみは、後年の「浪華悲歌」に出てくる山田五十鈴の父親の描き方をみればわかる。頑固で、強欲で、卑屈な老人、あれは父の善太郎をモデルにしたといっていい。小泉嘉輔（佐相註＝竹川誠一の誤り）の扮した父親準造が牛肉の鍋をつっつくときの動作や感じは善太郎そっくりだったといわれる。

（『人物・日本映画史Ⅰ』ダヴィッド社、1970年、572〜573ページ）

竹川誠一は溝口の次の作品『祇園の姉妹』でも骨董屋の聚楽堂にキャスティングされたのだが、「料亭で眠りからさめて一つあくびをするシーン」で、溝口は「そのあくびつ振が気に入らぬとて」「朝八時から午後三時まで演じてとうとう撮影中止」となったという（『二六新報』1936年8月23・25日「キネマとゑんげい」）。前に引用した座談会で溝口が「竹川といふ人は二度目には駄目でした。あれつきりで他のものは出来なかつたです」と言っているのはこのことを指しているのだろう。聚楽堂の役は大倉文男に代わり、弁慶と絶妙のアンサンブルを見せることになる。

ところでその志賀廼家弁慶だが、『浪華悲歌』『祇園の姉妹』と出演したあと、『残菊物語』『西鶴一代女』『祇園囃子』と都合五本の溝口作品に顔を出している。それぞれに味わい深い演技を見せてくれるが、私は特に『残菊物語』での死の床についているお徳と菊之助との再会シーンの演技が好きだ。後ろにすわって二人の会話を聞きながら、手ぬぐいで頭や顔の汗をふき、団扇をとってうつむきながらあおぎ、時に手ぬぐいで涙をぬぐい、また団扇を使う。そしてその団扇をあおぐ手がとまる。お徳が菊之助に「あたしならあとでゆっくり会えるじゃありませんか」と言った時である。二人の会話を聞いて内面が変化していく様を団扇と手ぬぐいという二つの小道具を使った身のこなしによって無言のうちに見事に弁慶は表現していた。溝口の映画では台詞のない脇の人物の演技がみものなのだが、この弁慶のものなどはその最たるものであろう。

その弁慶の妻・すみ子を演じるのが梅村蓉子である。『紙人形春の囁き』（１９２６年）・『日本橋』（１９２９年）・『唐人お吉』（１９３０年）における梅村蓉子の演技は同時代の批評家に絶賛されており、淀川長治も『唐人お吉』について「当時の最高。もういいねえ、梅村蓉子」と語っているが（「溝口健二を語る」『キネマ旬報』１９９１年９月上旬号）、残念ながらこれらのフィルムは現在失われていて見ることができない。だが『浪華悲歌』での弁慶との夫婦漫才のごとき掛け合いのおかしさを見ていると梅村蓉子の凄さの一端を垣間見たような気がする。

彼女はその後も『祇園の姉妹』『残菊物語』『浪花女』『芸道一代男』『元禄忠臣蔵』と溝口の作品に出演したが、『団十郎三代』（１９４４年）のロケ中に急逝した。その時のことを新藤兼人は『小説　田中絹代』でこう描写している。

共演者は、浪花女で一緒だった梅村蓉子である。溝口学校の優等生で、溝口作品にはなくてはならぬひとだった。絹代はこのひとから、映画演技の〝自然の仕草〟というものを学んだ。／ロケ先で不幸な事件が起きた。丹波の和知での、道中駕籠の撮影中だった。酒井助監督は梅村蓉子を劇用の駕籠で旅館へ迎えに行った。前夜梅村が腹痛をうったえて早寝をしたからである。撮影現場の山道まで一キロあった。／絹代はスタッフたちと歩いて行って待っていた。／梅村は駕籠にゆられて着いた。／「大丈夫ですか」／と絹代は顔色をうかがった。／「はい」と梅村は元気な声でこたえた。／しかし、カメラを据えたとたん、腹をおさえてしゃがみこんだ。立てない。医者もいない辺鄙な田舎である。撮影を中止して宿へ駕籠に乗せて運んだ。やっと隣村から医者を呼んできたが七十を越えた爺さんで頼りない。／撮影所へ電話をして京都から医者を呼んだが、もう意識はもうろうとして手のほどこしようがなかった。急性盲腸なのである。見守っているものは辛かった。四十一歳の若さで、星が流れるように逝った。／溝口健二は、表情をくずさず、冷静にふるまっていたが、絹代には、心の動揺が手にとるようにわかった。／「満足でしょう、仕事場で死んだんだから」／蒼白になって、声をはげまして言った。絹代は、その声に、全身がふるえた。
（読売新聞社、１９８３年、１８９〜１９０ページ）

梅村蓉子がもし戦後まで生きていたなら、おそらくこの人と絶妙な夫婦役を演じたのだろうと思われるのが進藤英太郎で、それまで舞台で活躍していた彼も映画に本格的に出演するのは『浪華悲歌』が最初であった。その時のことを進藤は後にこう語っている。

当時あたくしが大阪の松竹の専属俳優でして、道頓堀の舞台を主にでておりましたが、ちょうど休みの時だったんで、誘いをうけまして、でることになりました。で、無声映画ではその前に五、六東亜キネマにでたことがあるんですけど、トーキーになって初めてなんです。……なにしろ当時溝口先生のことはゴテケン、ゴテケンて芝居のほうまで聞えておりましたんでね。で、あたくしはその舞台からきてるから無遠慮にね、先生、舞台のほうじゃ北村《（マヽ）》先生のこと、ゴテロクというがあなたはゴテケンていわれてる評判ききましたが、やっぱりそんなにうるさいんですかってな無遠慮なこと最初はいったものなんですが
（新藤兼人『ある映画監督の生涯』映人社、１９７５年、１５５〜１５６ページ）

『浪華悲歌』で進藤が演じたのは株屋の藤野の役である。セックスとひきかえのつもりでアヤ

子に金を渡したところ金だけもって逃げられ、頭にきてアヤ子のアパートに怒鳴りこむと、たまたま来ていた恋人の西村を用心棒にしたてあげたアヤ子におどされ、警察に訴える男である。進藤はこのあとの『祇園の姉妹』にも出演し、戦後になって『お遊さま』以後、『武蔵野夫人』『西鶴一代女』『祇園囃子』『山椒大夫』『噂の女』『近松物語』『楊貴妃』『新・平家物語』、そして遺作の『赤線地帯』と溝口作品になくてはならぬ男優となった。ヨイヨイの老人の卑しさを演じた『祇園囃子』が異彩をはなっていて感銘が深いが、しかし溝口映画における進藤英太郎の真骨頂を示した役は、たとえば『赤線地帯』で「おれ達は政府のいきとどかねえところを補ってるんだ。国家に代わって社会事業をやってるんだ」と娼婦達に演説をぶつ吉原「夢の里」の主人のような役であろう。どこにでもいるごく普通の男の自ら意識せぬ滑稽さと哀しさと傲慢さとをにじみださせた役だ。『浪華悲歌』の藤野もそういう役であった。

こうしたキャスティングで撮影が始まった。依田は「雪のつもった、撮影所への道を杖をつき、二度も三度も息をついて休みながら行った」（『溝口健二の人と芸術』53ページ）。「セットに入ると、『君、ラストが、あれじゃ困るのだがね、なにか、もっと、うがったような、さびをきかしてもらいたいんだがね』といわれ」た（同右）。「つまり哲学的な社会的な解釈を要求します、なんかこれではあきません。ボンヤリ川の水見てたんではあきません」（「溝口健二監督を偲んで」）と溝口は言うのである。依田は、それでねえ、考えて来た訳ですね、一番仕舞いね。不良少女みたいな病気はどうしたら直るのや、と馴染みの医者が通り掛ったら聞くでしょう、ヒロインが。さあわしも知らんなあ、と医者は去る。溝口さん色々と文句の多い人だったけど、これ丈は実に何も云いよらなんだな。あのセットの所で僕が持って行ったの読んで、これでいゝでしょうって事でしたが……

（「溝口健二監督を偲んで」）

と当時をふりかえっている。

映画は完成し夜中に試写がおこなわれた。依田はその時のことをこう書いている。

わたしについて来てくれた母は、前の椅子をしっかりつかんで、息をつめるようにして見ておりましたが、映画はまことに見事で、試写が終るとスタッフ以外のものまで興奮して、前の、そこだけ起きていた酒場へなだれ込むものもあり、わたしは高柳君（佐相註＝春雄。溝口の『虞美人草』の脚本を書いている）と、よかったね、いい作品だね、傑作だねと、それればかりくりかえし、やたらと歩いて円山の方へ行ったものでした。

（『溝口健二の人と芸術』53ページ）

ところが検閲になって問題が生じた。長くなるが依田の著書から引用しよう。

ちょっと来てくれ、と、溝さんから連絡があって御室の家へゆくと、溝さんは縁側の陽だまりで興奮した顔であぐらをかいています。ただならぬ様子なので「何かあったのですか」ときくと、「君、えらいもんを書いてくれましたよ」という。「なんですか」「なんですかじゃないよ、僕は、監獄へ行かんならんかも知れませんよ」「『浪華悲歌』がどうかしたんですか」「検閲保留です」。わたしは愕然としました。折角、喜んだのに陽の目を見ないのかといっぺんに暗い気持に胸をつぶしてしまいました。助監督の高木君も来て、そこでビールをあおります。「内務省から、呼び出しをうけるでしょう。僕は、覚悟はしてますがね」「しかし、検閲が呼んだからといって、そんなに恐れなくてもいいんじゃないんですか」わたしがいうと、どなりつけるように、「君は何もしらないんだ。あすこは、ボタン一つで、警視庁から全部に通じているんです。ボタンを押せば、すぐに、警官隊がくるんだよ」といいます。「なんとか話合いは出来ないんでしょうか」「だめですよ。だめです」そういわれて、全く暗澹とした気持でした。そして、溝さんは東上しました。結果を案じていますと、どうやら、保留は解除され、カットもなく通検したという報に、どんなに嬉しかったか知れませんが、溝さんが帰って来たというので、撮影所へ行きますと、溝さんは椅子に腰かけて肩をあげて、ふんぞりかえるようにして御機嫌です。「大変でしたでしょう。御苦労さんでした。まあ、よかったですね」というと、それには答えず、わたしの顔を見ないで、まわりの所の連中に向い「検閲官なんてもんは、ガキだね。何も知らないよ君」と、えらい権幕でした。一緒に行った高木君に、「おっさんえらい変り方やないか。どうやったの」ときくと、「威張ってますけどね。事務官の部屋へ、おっさん、よう入って来んのですよ。君行って来たまえといって、廊下に立ってるんです。それで僕がいろいろがんばって、どうやら、うまくゆきそうだというので、しらせにゆくと、そうですか。じゃ、行きましょうと、とたんに威張って入って行ったんですよ」その時の、溝口さんの顔が目に浮ぶようで、腹をかかえて笑いました。溝口さんは弱いのか強いのか、わからぬことがよくありました。

（『溝口健二の人と芸術』55〜56ページ）

ここにあるように『浪華悲歌』は結局、検閲をノー・カットで通過した。ただ注意しなければいけないのは現在残っているプリントはオリジナルのものより短いということである。オリジナルの長さは２４４１メートル、時間に直して約89分である。それに対し現存するプリントは71分である。18分ほど短いことになる。どこが欠けているかはシナリオ（『溝口健二作品シナリオ集』文華書房、１９３７年、や『依田義賢シナリオ集⑵』映人社、１９８４年、に所収）と対比するしか術がないのだが、それによると二十くらいのシーンが抜けている。ストーリーの上で重要なところでは、アヤ子が惣之助の妾になったために父の準造が浅井製薬で働けることになった場面が欠けている。この短縮された現存プリントは木下千花『溝口健二論』（法政大学出版局、２０１６年）によると、戦後の１９４６年に再公開された時に松竹が自ら短縮してＧＨＱの検閲を受けてそのまま許可されたもののようである（２１８〜２２１ページ）。

二、連続と断絶

１９３６年5月28日、浅草帝国館・丸ノ内松竹・新宿松竹・麻布松竹で『浪華悲歌』は封切られた。その前後に一斉に諸新聞に批評が載った。

明治初年ものに凝り、その代表作「滝の白糸」の懐古趣味に時としては耽溺したかにみえたこの監督が、こゝでは見事な転換を試み、その野心を満たすに足る題材を捉へたのである。

（『時事新報』１９３６年5月26日「試写室から」、［C］筆）

『滝の白糸』以来好んでその作品に、ローマンチックな色を盛り、情緒的描写に特異な手腕を示して来た溝口健二監督は、今度は俄然、現実的な作品を扱ひ、リアルな描写をこゝに見せてゐる。（略）溝口監督作品としては旧殻を脱せんとした点で大いに賞していゝものであり、邦画トーキーとしてレベルを越したものといへる。

（『報知新聞』１９３６年5月26日「試写評」、中代富士男筆）

溝口の「明治物」には全く興味のもてなかった西河克己はこの春に日本大学芸術科に入学したばかりであったが、新聞に出た『浪華悲歌』の批評が良かったので、二番館にそれを見にいった。

お客は入っておらず、まことに寒々とした中でこの映画を観たんですが、観終わった時私はびっくりしました。私が考えていたのとは全然違う映画だったのです。批評によってうすうす違うらしいという感じは受けておりましたが、明治物を作って何やらまだるっこいことをやっている監督という印象とはかけ離れたものでした。だいたい『浪華悲歌』という題名からいいましても、今でいえば艶歌もど艶歌という感じでして、またお涙頂戴の映画ではないかという気がしていたのですが、観終った映画は全く違うもので、私はうしろからガンと頭を殴られたような、あるいは目を見開くというような強い衝撃を受けたという記憶があります。（略）従来描かれていたメロドラマといいますか、ラブストーリーといいますか、そういうものに出てくる美男美女、あるいはあわれなヒロインというような者が、この映画には全く出てこないわけです。そしてそこには、ただむきだしの男と女とお金が、私達が現実に遭遇していることそのものが、どぎつくなまなましく描かれているわけです。そのことに私はびっくりしました。今までの映画の概念と非常に違うわけです。／当時、映画には確かに悪者も出てきますし、えげつない人物というのも出てきますが、そういう者も何か類型的な、ヒロインをいじめるだけの道具としての描かれ方になっていて、喉に骨が引掛かるというような感じで投げ出されるということはありませんでした。（略）『浪華悲歌』に出てきた男も女も、排泄する動物として描かれているわけです。これは当時としては画期的なことです。／当時、哀れな女性、古い言葉で言いますと、美人薄倖というような役どころの多かった山田五十鈴がまことにえげつない役を演る、相手役の原健作という優しい二枚目がまことにだらしのない男を演る、17歳の少年であった私は大げさに言えば度胆をぬかれたという感じでした。そして同時に、私は「あ、俺の中にもああいう気持ちっていうのはあるなあ、俺の知っているおじさんとかああいう感じだなあ、ああいう女は確かに居るかもしれない、友達の姉さんなんかは裏ではああいうことやってんじゃないか」と想像をたくましくしまして、何か人生の真相に触れたという気がいたしました。それは、今まで映画を観ていては全くなかった経験です。

（西河克己「リアリズムの金字塔」『日本映画を読む』ダゲレオ出版、1984年、70〜

74ページ）

叙情的な「明治物」の溝口が苛烈なリアリズムの監督へと変貌した。多くの人がそう評価した。溝口は『都会交響楽』や『しかも彼等は行く』の線に戻ったのだ、と。しかし丁寧に見ていけば「明治物」のなかにも『都会交響楽』や『しかも彼等は行く』と共通する精神やテクニックが流れていることがうかがえるし、『浪華悲歌』のなかに「明治物」との連続性をも見てとれることは佐伯知紀が指摘している。つまり『滝の白糸』も『浪華悲歌』も自己犠牲の新派メロドラマの枠組をもっているという点では共通しているが、『滝の白糸』では自己犠牲のドラマを前面に押し出し、『浪華悲歌』では「自己犠牲の一瞬が〝フレームの外〟へ措定されていた為」に、両者は著しく異なる印象を与えた。情緒からリアリズムへの変化のなかにあっても変わらないものは「ドラマの根抵として通徹する新派のフォルム（それに寄せる溝口の信頼）なのである」、と（「『滝の白糸』と『浪華悲歌』」『季刊映像』12号、１９７９年２月）。確かに『都会交響楽』や『しかも彼等は行く』においても、その物語は新派悲劇的な装いをもっていることが同時代の批評において指摘されていた。古い新派的なドラマと苛烈な社会的リアリズムという「二つの流れ」がここでも「コンデンス」されているといえる。

『浪華悲歌』は「明治物」と断絶しつつ、連続している。と同時に『浪華悲歌』は『都会交響楽』や『しかも彼等は行く』と連続しつつ、断絶している。なぜなら溝口はここで連続したフラッシュ・ショットや、時間と空間を飛躍させるスピーディな省略、ソヴィエト流の直訳的なモンタージュなどを使っていないからである。その代わりに『浪華悲歌』においては、いわば日本的に応用された比喩のモンタージュともいうべき面白い手法を用いている。それは惣之助がアヤ子と一緒に文楽を見物しているところを奥さんに見つかってしまうテンヤワンヤの出来事を舞台で演じられていることと対比しておかしみを出す手法である。このやり方は戦後の『噂の女』（1954年）でも狂言を使って行っているものだが、『浪華悲歌』で文楽が登場するのは文楽が大阪で発展した伝統芸能であったからだ。植村文楽軒が大阪の高津（現在、国立文楽劇場のあるあたり）に寛政頃、初めて人形浄瑠璃の小屋を設けて以来、文楽は大阪の庶民とともにあり、1884年に松島から御霊神社に小屋を移した文楽座はしばらく黄金時代を謳歌したが、事業失敗で1909年に松竹に買収され、1926年には失火で全焼して、放浪時代を迎えた。しかし1930年、松竹は四ツ橋に新しく文楽座を落成し、三世・吉田文五郎（1869〜1962）、初世・吉田栄三（1872〜1945）の二人の人形遣いの人気に支えられて、1956年に道頓堀に移るまで四ツ橋文楽座の時代が続いた（『大阪近代史話』東方出版、1985年、180〜182ページ）。『浪華悲歌』に出てくる文楽座は四ツ橋の頃のものであるが、溝口は『浪華悲歌』の四年後の1940年に三味線弾きの二世・豊沢団平（1828〜1898）と千賀女夫妻をモデルに『浪花女』をつくり、本格的に文楽の世界を描いている。

谷崎潤一郎は「私の見た大阪及び大阪人」（『中央公論』1932年2〜4月号）において次のようなことを書いている。

関西に長く住んで、上に述べたやうないろ〳〵の人情、風俗、習慣を知り、さてその後に文楽の人形芝居を見ると、従来東京人の眼で見たのとは全く違つた印象を受ける。蓋し、あの人形芝居と現代の大阪人との関係は、黙阿弥劇と今の東京人との関係とは違ふ。黙阿弥劇に現はれる旧幕乃至明治初年頃の世相は、今日の東京人が見ると既に一時代も二時代も過ぎ去つた古典の世界のやうに感じるが、大阪人が見る人形芝居は恐らくさうではあるまい。彼等はあの芝居の中に、自分達の環境や生活感情に近いものゝあるのを覚え、そのために身につまされたり同情の涙をしぼつたり、又は云ひしれぬなつかしさを感じるのであらう。

（『谷崎潤一郎全集・第二十巻』中央公論社、1982年、392ページより引用）

『浪華悲歌』で演じられているのは、近松半二作『新版歌祭文』（1780年初演）の野崎村の段、すなわち久作の家の場である。文楽座では1936年3月1日から、この『新版歌祭文』が興行されており、太夫は二世・豊竹古靱《こうつぼ》太夫（1878〜1967）、三味線は四世・鶴沢重造《つるざわじゅうぞう》（1899〜1987）、人形遣いは、おみつが三世・吉田文五郎、お染が二世・桐竹紋十郎（1900〜1970）、久作が初世・吉田栄三であった（『義太夫年表　昭和篇　第一巻』和泉書院、2012年、565ページ）。『浪華悲歌』で描かれているのがこの舞台を撮ったものなのか、別の時に撮ったものなのかは判らないが、映画では人形遣いは何故かすべて黒衣であり顔が判らない。太夫と三味線は顔が出て来るが、これが古靫太夫と重造なのかは私には判断がつかない。映画での『新版歌祭文』は、久松が養父の久作の肩をもんでいるところから始まる。久作の妻の連れ子で久松とは許嫁のあいだのおみつが久作に灸をすえている。そこへ久松が丁稚奉公をしている油屋の娘で久松とは相思の仲のお染が訪ねてきて、外から中の様子をうかがっている。そのお染を見たおみつが嫉妬でヒステリーを起こす。人形浄瑠璃で演じられているこの場面を、惣之助の妻のすみ子が嫉妬してバッグを投げつけ、廊下にペタンと座り込んでヒステリーをおこしている場面のあとにモンタージュすることで滑稽感を増幅させている。この後、現存プリントにはないのだが、シナリオには次のようなシーンが書かれている。

50　休憩室。
ひと息入れてゐるアヤ子と藤野。

「あ、面白かつた」

「えらいすんまへんでした、御迷惑かけてしまひまして……」

「こんな御迷惑なら何ぼでも引受けるでえ、［と笑ふ］君とやつたら願うたり叶ふたりや……」

51　舞台。
〽そなたは思ひ切る気でもわしや何んぼでも縁切らぬ……

52　休憩室。
藤野とアヤ子。

「君はいつ見ても奇麗やなあ……どや、わいと浮気せんか」

「あて失礼します」

「おい、待ちいな、そんな手あるか。わいは恩人やで、一杯飲む位つきあふてもえゝやろ」

「あて、ほんまに失礼さして貰ひます」

アヤ子その手をふり払つて逃げる。藤野舌打して
「あかんたれやなあ……」

53　舞台。
人形芝居つゞく
〽逢ひに北やら南やら……

これは溝口が『都会交響楽』で行ったという、ブルジョアの顔に豚の顔をモンタージュするといったソヴィエト流のモンタージュを日本の伝統芸能を使って応用したものと考えられる。こういうところにも「二つの流れ」を「コンデンス」して自分独自のものを創りたいという溝口の意図を見ることができる。

かくして溝口は『浪華悲歌』を境に、マルセル・レルビエばりの二重焼き・三重焼きを使うなどの映像テクニックを捨て、短いショットをたたみかけていく手法も捨て、ソヴィエト流のモンタージュ理論からも離れて、いわゆる一シーン一カットといわれる手法を『浪華悲歌』を出発点にして『祇園の姉妹』『愛怨峡』の三作により確立し、溝口のトレードマークとしていく。アヤ子と進の歩きながらの会話を横移動でとらえた一分半にわたる長回しは、後の『残菊物語』（1939年）における、お徳と菊之助の歩きながらの会話を横移動でとらえた実に五分十秒にわたる長回しの序章であったといえよう。

ただここで註をつけておかなければいけないのだが、『浪華悲歌』はあくまで長回しの序章であったことである。そのことを数字で明らかにするために、私がビデオやDVDで計ったショットごとの長さの統計を次に示したいと思う。

作品全体の1ショット平均の長さ

『マリヤのお雪』（1935年）　18・0秒

『虞美人草』（1935年）	15・0秒
『浪華悲歌』（1936年）	22・9秒
『祇園の姉妹』（1936年）	33・9秒
『愛怨峡』（1937年）	32・0秒
『残菊物語』（1939年）	59・0秒
『元禄忠臣蔵・前篇』（1941年）	94・2秒
『元禄忠臣蔵・後篇』（1942年）	77・6秒

61秒以上の長めのショットについて			最長ショット
『マリヤのお雪』	15ショット	5・8%	1分55秒
『虞美人草』	7ショット	2・6%	2分20秒
『浪華悲歌』	20ショット	10・8%	2分15秒
『祇園の姉妹』	24ショット	19・8%	3分15秒
『愛怨峡』	18ショット	11・0%	3分52秒
『残菊物語』	40ショット	28・0%	6分22秒
『元禄忠臣蔵・前篇』	39ショット	54・9%	5分25秒
『元禄忠臣蔵・後篇』	38ショット	45・8%	6分1秒

三、道修町・安治川

『浪華悲歌』は大阪の道頓堀の夜景のショットから始まる。

東京でも大阪弁が氾濫している現在からは理解しにくいことだが、同時代の批評を見ると、「全篇関西弁をつかつたのも『浪華悲歌』といふ手前当然であるが興味がある」(『中外商業新報』1936年5月28日夕刊「試写室」、足立忠筆)とか、「登場人物全部に大阪弁を使はしてゐる」(『都新聞』1936年5月29日「新映画評判記」、［U］筆)といったように、本格的な大阪弁を喋らせた映画として注目された。依田義賢も次のように語っている。

これまでは関西弁は喜劇にしか登場しなかつたし、それも三枚目としてちよつと笑はすぐらいのもんでしかなかつたのを、全篇シリアスな関西弁で通したんやから画期的なもんになつたんでしような。

(「溝口作品について思い出を語る」『時代映画』1956年10月号)

西河克己の語るところも聞いてみよう。

もう一つ私が『浪華悲歌』を観て一番驚いたのは、すべてが大阪弁であったということです。いわゆる方言で映画を作るということは、当時タブーだったんです。方言で映画を作ると絶対当たらないと言われており、わけても大阪弁で映画を作るというのは、映画界の人間は考えてもみないことでした。（略）映画の中に時々大阪弁の人間が出てきても、それは明らかに三枚目か、あるいは金貸しのようなえげつない人間を表現するために使われており、ヒロインやヒーローが大阪弁を喋ることはあり得なかったわけですね。映画の中で若い女の子が大阪弁で喋ると、東京では観客は皆笑ったものです。ですから、笑う効果を狙って演出される場合が多いわけです。ところが『浪華悲歌』では笑うどころではなくて、大阪弁が何か人間の生《なま》の恐ろしさを直にぶつけてくるような強い力を持っていたわけですね。（略）この映画の大阪弁の迫力というものは、トーキーというのはこういうものなんだ、何もセリフの他に効果音や音楽を効果的に使うということではなく、まず人間の生臭さ、人間の体温、排泄する動物としての人間の体臭、そういうものをなまなましく出す、これがトーキーだということを強く感じました。

（「リアリズムの金字塔」『日本映画を読む』ダゲレオ出版、１９８４年、78〜80ページ）

『唐人お吉』（１９３０年）・『滝の白糸』（１９３３年）・『神風連』（１９３４年）などの「明治物」で時代考証に凝った溝口はここでは方言（その土地で実際に話されている言葉）を使うことによって「本物」を追求した。この追求は次の『祇園の姉妹』での京都弁、『あゝ故郷』

（1938年）の東北弁という形で続けられた。
『浪華悲歌』は「浪華」＝大阪を描いた映画であり、そのリアリズムは本格的な大阪弁を俳優が喋るということにまずあらわれた。私は横浜で生まれ育った人間なので細かいところは判らないが、志賀廼家弁慶の喋りを聞いているといかにも「大阪」を感じさせる。弁慶の演ずる惣之助は浅井製薬の社長である。浅井製薬は映画では特にふれられていないが、シナリオを読むと道修町にあることがわかる。道修町というと谷崎潤一郎の『春琴抄』の舞台である。春琴は道修町の薬種商の生まれであり、佐助はそこの丁稚であった。『春琴抄』は1933年6月号の『中央公論』に発表されたが、その二年後に松竹蒲田は島津保次郎監督で『お琴と佐助』を製作した。その時、お琴＝春琴を演じたのが田中絹代であり、やがて絹代は1940年に『浪花女』で初めて溝口の作品に出演する。そして溝口・絹代のコンビで1951年に製作した『お遊さま』は谷崎が『春琴抄』の前に発表した『蘆刈』を原作にしている。そんなことが思い出されるが、道修町は薬問屋で名高い町であったのである。

「商売可仕旨　道修町薬種屋」という文言が明暦三年（一六五七）の文書にみえているところから、江戸時代の始め頃には道修町界隈に薬問屋があったことが知られる。八代将軍吉宗の病が道修町の薬湯で回復したのを機に、一二四軒が仲買仲間株として公認されるに至り、わが国の薬売買の要として、道修町の名は全国に知られるようになった。

（『大阪近代史話』東方出版、１９８５年、１１０ページ）

現在も道修町には田辺三菱製薬・武田薬品・塩野義製薬などがあるが、いずれも江戸・明治以来の老舗である。『浪華悲歌』の浅井製薬もそうした老舗の一つとして設定されていることは、惣之助が朝起きて居間の廊下で柏手をうって「商売繁盛、家内息災」と祈る描写にあらわれているだろう。そして惣之助は奉公人から婿養子になったことが後の妻すみ子との会話で判るのだが、道修町では「家付娘に番頭を養子に迎え跡を継がせる、いわゆる女系家族の体制をとる商家が多かった」（三島佑一『船場道修町』人文書院、１９９０年、67ページ）というから、浅井製薬も家付娘のすみ子が番頭の惣之助を婿養子にしたということになろう。またいきつけの芸者となじみになって身請けして妾宅をかまえさせるようになると「あの店の旦さんは甲斐性者やといわれた」（同右）というような雰囲気があったということだから、『浪華悲歌』の始めの方の茶の間のシーンですみ子が惣之助に「そんならどこぞへ、ええ女でも囲ってみやはったらどう？」「そんな甲斐性もないのやろ」とからかうのもそういう背景をふまえた発言だろう。

だが江戸以来の伝統を背負った道修町も時代の変化をうけないわけにはいかない。北尾鐐之助は１９３０年代の道修町の様子をこう描写している。

……奉公とは、我身を主人にさし上げ奉る義なり、然る上は、我身ながらも我ものにあらず、主人のものなり……／といふ言葉は「商家見聞集」に記された有名な語句であつた。その頃の大阪の商人は、金力をもつて常に武士の上にあつたのだ。／さういふ船場華やかなりし頃の想ひ出は、いまの道修町にはどこにも見出せない。／殆ど足の踏み入れ場所もない道路を、あちらに避け、こちらに避けて歩いて行くと、町角では日当りに蓆を敷いて、吐根を薬研で砕いてゐる。一種の香気が頭を強く刺戟する。／高く積み上げられた空瓶のバリケード。何かの罐のうづ高い掩蔽壕。／両側の店先きは、みな藁屑と、縄切れと、何かしら堆く並べられた薬品の箱、瓶などの密集で、家々の畳はみな破れ、柱は傷ついてゐる。／大きな家では、多く店だけを椅子、机の事務所風に改造されてゐるが、家の建ちが低く、町並が狭いので、冬の日の曇り空などは、昼の内から電燈が点される。店から中の間を距てゝ、日の当らぬ狭い内庭があり、それが明りとりとなつて、長い土間を通りぬけると、その向うに土蔵の扉が見える。さういふのが、この辺における商家の形式で、どこにも茂つた植物、碧い空などはみられない。

（『近代大阪』創元社、１９３２年、２６７～２６９ページ）

浅井製薬の店も「椅子、机の事務所風」になっている。そして店と主人の居間とは土間を通じてつながっている。

船場の商家には、どんな家にも中庭がある。店の間から台所を抜けて奥にむかった土間が暗い家の中を曲がりくねってその中庭に通じている。建物の中の一番奥のその中庭に面した部屋が主人たちの居間である。そしてその居間と中庭をへだてて相対した位置に土蔵がある。（略）昭和三十三年現在、この構造のまま完全な形で残っているのは、道修町の田辺薬品株式会社の旧店がただ一軒ではないであろうか。

（菊田一夫『がしんたれ』光文社、１９５９年、１３２〜１３３ページ）

浅井製薬の主人夫婦の居間と店の位置関係も大体こんなふうになっていたようで、すみ子が居間から廊下を通って土間に出て、店にはいっていくところが始めの方にある。よけいなことだがこの時の梅村蓉子の歩き方、身のこなしの柔らかさにも注目したい。

ヒロインのアヤ子はこの浅井製薬の電話交換手として働いているわけだが、ヒロインの勤め先を道修町の薬屋にしてくれと注文したのは溝口であったと依田義賢が書いていることは前に述べた。溝口はなぜ江戸時代以来の老舗を舞台に選んだのだろうか。原作の『三枝子』では三枝子の勤め先の描写は全くなされていないが、百貨店をやめて京橋の電気器具商会に勤めていると説明されており、いずれにせよ近代的なイメージをもった勤務先ということになろう。だから『浪華悲歌』でもアヤ子をデパートの店員にすることもできたし、中之島あたりのオフィスのタイピストにすることもできたはずである。だが溝口はそうしたモダンなところにアヤ子を勤めさせることをしなかった。その理由を推定するうえで参考になるのは依田義賢の書いた「溝口健二氏の今後」（『キネマ旬報』１９３７年8月21日号）という文章である。ここで依田は、『浪華悲歌』をつくった翌１９３７年に溝口のために書いたシナリオ『拐帯者』（これは結局映画化されなかったが）について、主人公となる東京のサラリーマンがどうも上手く描けなかったと次のように書いている。

結局、溝さんも私もサラリーマンが描けないのだ。溝さんはサラリーマンなんかちつとも面白くない。だいいち何も浮んで来ないよと云はれる。そうして、私だが、つまり依田義賢といふシナリオ・ライターは大体関西弁を語る人間でない人間は、外国人のやうに頭のなかで皮相的にしか動かないで、人間らしく描けないといふたちだから　たゞさへ困難なサラリーマンに東京弁をしやべられると、ありきたり以上につまらない男より描けない。／苦闘十数日、暑い最中である。とうとうサラリーマンに手をあげてしまつた。そこで、このサラリーマンになる男を問屋の番頭にしようと考へた。すると妙なもんである。そこへ出てくる人間が急にぴちぴちと動き出して来たような気がした。私もなんだか関西弁を使ふ人間に近いものを感じだしていきほひ元気をとりかへして来た。話は精気をおびて新しい角度に展開して、音をたてゝ物語が動いて来たのである。

溝口健二はサラリーマンに興味がなかったのだろうか。小津が『生れてはみたけれど』（1932年）で描いたような会社員の生活などに関心がなかったのだろうか。いや、そんなことはない。『映画ファン』1938年9月号の筈見恒夫「溝口健二・郷愁を語る」において、溝口は次のように述べている。

京都にゐたつて、尤も仏像や、古書ばかり見てゐたわけではない。やはり新しい生活にも触れて来ました。西陣の陋巷を彷徨《さまよ》つたり、祇園を散歩したりして、人々の生活を眺めモデルも拾つて歩いて来ました。／いや、本当を云へばその方が楽しいのかも知れないな。／大阪も運河のほとりや、築港の方を随分歩きましたよ。一つの仕事の為めに、さうやつて街を歩くのは何より楽しい。「浪華悲歌」の時は、その築港方面が役に立ちました。この間も、丹羽文雄君の「薔薇合戦」をやる時に、丸の内に通いましたね。銀座も歩いた。今日のサラリーマンや有閑婦人たちの習性を見てゐるのです。時には友人知己のくせをその儘拝借してしまふ時もある。

『薔薇合戦』は『拐帯者』が頓挫した後に、映画化を企て、山路ふみ子を主演に配役も決定し、本読み、衣装調べ、ロケハンも終わっていたが、クランク直前に内務省から「このような恋愛ものは時局柄好ましくない」という横槍が入り、中止となったものである（『都新聞』

1937年11月2日)。丹羽の原作は、性格の異なる三姉妹のそれぞれの生き方を描いたもので、長女が経営する化粧品会社を中心にして男女関係が描かれていく。舞台は東京の京橋・銀座・渋谷などであり、映画もその点は踏襲していたようである。つまりここで溝口はかつて依田が書いたこと(「溝さんも私もサラリーマンが描けないのだ」)に反撥するかのように東京の中心にある会社に勤める(三女は映画雑誌社に勤めている)男女の経営者やサラリーマンの姿を真っ向から描こうとしたのだ。不幸にして映画は流産してしまったが、溝口がサラリーマンに興味がなかったとはいえないことがこれで判る。とすると『浪華悲歌』の時にアヤ子を近代的な会社(オフィス)に勤務する女性にしなかったのは何故か。アヤ子の勤め先を道修町にしてくれと溝口が依田に要求したのは何故か。おそらく道修町の老舗の世界こそ大阪ならではのものであり、さらに新派メロドラマの枠組(会社の金を使いこんだ父親を救う娘の受難の物語。家の犠牲になる女の物語)をもっているこの作品にふさわしいと溝口は考えたからであろう。しかし江戸以来の伝統をもつ道修町の製薬会社を舞台にしたメロドラマといっても、それは枠組だけであって溝口がそのなかに盛り込んだものは苛烈でドライな現代のドラマであった。それはアヤ子の変貌の描き方のなかにはっきりあらわれている。

この映画が始まる時、アヤ子は普通の女である。父親が使いこんだ金を何とかしてもらおうと恋人の西村を頼りにするような女である。社長の惣之助に言い寄られた日の帰りの二人のデートシーンをシナリオから引用してみる。

22　造船所などの見える河口。空地。
遠く機械の音などが響いてくる、西村とアヤ子風に吹かれながら歩いてゐる、長い移動。

「なあ、どないぞならんやろか？」

「ン、方々頼んでみたんやけど、どうしてもあかんねん」

「あかん云ふたかて困るわ、うち　あんた一人を頼りにしてんやもん……」

「社長に、頼んでみたら、どうやね……」

「社長に頼んで出来んのやつたら、何もあんたに頼めへんわ……三百円もどないにして貸してくれはる？　何ぞ訳でもなけな、なあ……」

「……」

「先刻《さつき》もなあ、どこや今晩やゝこしいとこへ来い、云ははんね」

「行つたらえゝがな」

「あんたそれ本気で云ふてんのか？」

「怒つたんか」

「当り前や、うちがそんなことしてもえゝのんか、あんたは？」

「冗談やがな（淋しく笑ふ）」

「知らん、あんたそんなこと云ふ人や思はへなんだ」

「冗談や云ふてるやないか……」

「もう、えゝ……あのお金がなかつたら、うちのお父さんの手が後へ廻る位のもんやないか、店のお金でも融通して無理する云ふてくれてもえゝと思うわ……」

「そんなこと出けるかいな。僕かてそんなことしたら後へ手が廻るがな」

「何もそんなことせい云ふてへんわ、それ位のこと云ふてくれてもええ、云ふてるだけのもんや……」

「そりやあ、僕かてその積りやけど、出来へんもの仕様がないがな」

「もうえゝ、あんたはうちのことなんて何んとも思ふてへんのや……奥さんと芝居見に行く方がえゝねんやろ」

「そんな無茶な……」

風がうそ寒く二人を吹いている。O・L
（『溝口健二作品シナリオ集』文華書房、1937年、16〜18ページ）


シナリオでは「造船所などの見える河口・空地」となっているこのシーンだが、映画の画面では二人の歩く背後にはコンクリートのかけらがころがっていて、コンクリート塀の向こうにある川にはマストの高い貨物船が見え、時々汽笛が聞こえてくる。三木稔の暗さを基調にしたローキーのカメラがとらえたその風景は二人の話の内容にふさわしい殺伐とした雰囲気をつくりあげている。沢村勉は「築港近辺のアヤ子と進のランデヴー」（「特輯映画批判」『映画評論』

1936年7月号）と書いているから、このシーンは安治川のあたりで撮影されたらしい。当時のロケ報告にこう書かれている。

夜の撮影までの間、安治川辺《べり》へ行くのだ。／安治川は心斎橋と違つて、労働者街である。／「あれが女優さんだつてよ。」／労働者に囲まれて、流石の山田も、いささかクサツた形である。／「おーい、役者だ、活動役者だ。」／船から船へ――。／この見物の人達は仲々気が荒い。整理するのに大変である。ウカツなことを云はうものなら、ナグラレないとも限らぬ。至つてケンノンである。／「もう二度と、僕は貴女《あなた》に会はないつもりだ。」「そんなこと云はないで…」／「うまいこと云ひよるな、えゝ女やな…」／半台が、とび出す。／「あんな、えゝ女子《をなご》、女房にしたらえゝな」／こうなると、天下のスター山田五十鈴も台なしである。かゝる地のロケーションはだから、相当心臓の強い者でないとつとまらないのである。／「先生、もう安治川の方しまひでせう？」／五十鈴女史、余程、安治川の見物人を気にしてゐるらしい。／「あたし、あんな厚かましい人達知らんわ」／「厚かましいつて、僕らが、先方さんの縄張りを荒らしたんだから、少々のこたあ辛抱するんだネ。」溝口監督は流石ヤハリ監督である。／「だって、アンマリよ。あたしの顔みて、とてもヒドイことといふのよ。」／これはロケ先の明眸禍である。

（小倉武志「横から眺めたロケーション」『オール松竹』1936年6月号）

さすがに『都会交響楽』（1929年）の時に深川富川町の労働者街に潜入して撮影した溝口である。気の荒い労働者の扱いは慣れている。

この後、映画は次のように続いていく。西村と別れてアヤ子が家に戻る。アヤ子の家はシナリオでは住吉辺の三流住宅地とあるのだが、映画では変更されていて、「築港の貨物船（?）の汽笛の聞えて来る所、工場の長いコンクート《（ママ）》塀に向ひ合つた」（牟田広「平一さままゐる」『映画創造』1936年11月号）、「安治川べりのごみごみした長屋の一角にあった」（滝沢一「大阪もの映画の魅力と楽しさ」『映画芸術』1958年8月号）ということになる。つまりアヤ子と進が歩きながら金のことについて話をしていた安治川べりの場所はアヤ子の家の近くということになるだろう。

家には父の会社のものが来ていて、金を返さなければ横領罪で告訴すると言う。釣りから戻ってきた父の準造は社員の靴があるのを見て、こっそりとまた家を出ていく。このあと現存プリントには無いのだが、シナリオには次のシーンが描かれている。

30　附近の泡盛屋。

二三人の労働者が飲んでゐる、酔漢の鼻唄が聞える。のれんを分けて準造釣具をもつたなり入つてくる。

「おいでやす」

酔ひもいい加減まわつてゐる労働者。

「やあ、ルンペンの大将。わいらはほんまのルンペンやけど、あんたのルンペンは大名やさかいなあ……」

準造、尾籠からもろこを二三尾出して
「これ、一つ焼いてんか」

「よつしや」

「あ、うまさうやなあ、俺《わい》にも一つよんでんか……おつさん、もう一杯」

奥の方から亭主の声。

「あかん、あかん」

「もう一杯、よんだりいな……」

「あかん、やめときいな」

準造ちびりちびり飲んでゐる。


（『溝口健二作品シナリオ集』20〜21ページ）

このシーンが封切時のオリジナルプリントにはあって、現存プリントには欠落しているシーンなのかどうかは判らない。しかしもしこのシーンがオリジナルプリントにあったとすれば、ルンペン達の屯するこの泡盛屋の光景はアヤ子の家がある築港付近の雰囲気をよく示すものになっていたであろう。私が古書展で入手した『浪華悲歌』の台本（準造を演ずるのが小泉嘉輔となっていて、初期の頃の台本であることが判る）があるのだが、そこではこのシーンは「碁会所」となっていて、次のような会話がかわされる。

アヤ子の父　怖えたやうな笑顔で入つて来て

「こんばんわ」

同好の人、

「やア、鴨が来た、さア一番行きませう」

父、碁盤に向はうともせず煙草など吸ひはじめる。

同好の人、

「どうだ、仕事は見つかりましたか？」

父、

「いやあ、あいかはらずの失業で」

当初は碁会所というサラリーマンが屯するような雰囲気の所に設定されていたものが、泡盛屋という労働者やルンペンがクダをまいているような所へと変えていることが判る。前に引用した「造船所の見える河口」もこの台本では「デパートの屋上」になっており、ここでもサラリーマン的な雰囲気が労働者的な場へと変えられている。

さて、社員が帰ったのを見て、こっそりと家に戻ってくる準造。空いばりするだけで何もできぬ準造と言い争いになったアヤ子は家を飛び出す。そして惣之助の妾になってアパートに囲われる代償に金を出してもらい、準造は告訴をまぬがれた上に惣之助の店で働くことになる……。

つまり前に引用したアヤ子と西村の河口でのデートシーンはアヤ子の人生の転機となる重要なシーンだったのだ。ここでアヤ子は恋人の西村の「心」に絶望した。若い男に大金を作ることは出来ないことなどアヤ子にも判っているのだが、彼女が西村に求めているのは罪を犯してでも自分を救おうとする「心」であった。『折鶴お千』（１９３５年）で、お千が宗吉に向かって、「私の真心をあげます」と言って、折鶴を飛ばす場面があるが、アヤ子が西村に期待していたのもこの「真心」であった。こうして見るとアヤ子は明治時代のお千の末裔であることが判る。そしてこうした女性像は泉鏡花が描いてきたものであったことを思えば、『浪華悲歌』の中にも鏡花の精神が流れていることが見えてくる。西村に「真心」がないことを知ったアヤ子の気持は荒んでいった。それが惣之助の妾になることを決意させたのだ。

現在の地図を見ると、安治川をはさんで築港の対岸の此花区には住友金属・住友化学・住友電工・大阪ガスなどがあるが、１９３６年当時にはそれに日立造船も加えて、このあたりは代表的な重工業地帯であった（小山仁示・芝村篤樹『大阪府の百年』山川出版社、１９９１年、

154ページ)。道頓堀とも道修町とも違う大阪のもう一つの顔である。

この安治川沿いの造船所ドックの労働者の姿を描いた久板栄二郎の戯曲「烟る安治川」(『文化集団』1934年3月号)を、左翼劇場の名を改めた中央劇場が築地小劇場で上演しようとしたのは1934年2月のことで、佐々木孝丸の演出のもとに稽古にはいった。しかし、初日直前に返されてきた検閲台本のカットが多く、とうてい上演には耐えられないとして公演を中止せざるをえなかった(大笹吉雄『日本現代演劇史・昭和戦前篇』白水社、1990年、648ページ)。久板の戯曲は第二幕第一場までしか掲載されておらず、しかも伏字が相当あって理解しにくいところもあるのだが、その内容を見ておこう。

時は1933年1月から5月、大阪ドックの蓬田錠作(滝沢修が演じる予定だった)は労働者の代表として労働条件の改善に奔走している。一方、全労大阪連合会のダラ幹、通称鈴逸は組合の金をちょろまかして浮気をしているような男だったが、蓬田等が全労の支援を断っているのでそこに介入しようと目論み、大阪ドックの労働者の源之助に目をつける。源之助は、蓬田の娘・ミサオの夫だが、ミサオは労働運動で捕まって刑務所から出て来たばかりで、肺を病んでいる上に妊娠していた。源之助とミサオの仲は険悪になっていたが、ある日、源之助は鈴逸の妻にミサオの堕胎の斡旋を頼んだ。そこで鈴逸の妻に目をつけられ、彼を労働者切り崩しに利用しようとしたのだ。

雑誌に掲載されている戯曲はここまでで終わっている。しかし同じ雑誌に掲載されている本庄克二（彼は源之助を演じることになっていた）の文章「悲劇の主人公」には、源之助のその後が描かれている。そこにはこうある。

或晩のことである。ダラ幹組合の高橋に誘はれて酒を飲んだ。源之助は意中の苦悶を訴へる。高橋は源之助に或る方策を授ける。その晩、社長邸へ………………………られた。高橋と源之助であつた。源之助はそれを争議の行詰りを打解《ママ》する英雄的行為だと考へてゐた。これでミサオが俺を見直してくれるだらうとも思つてゐた。然し事実は全く逆であつた。／………繋がれるまで、ダラ幹の策略に陥し入れられたことを知らなかつたのである。

「…」の部分は伏字で具体的な策略の内容は判らないが、源之助は見事に鈴逸と彼に命じられて行動した高橋にはめられて獄につながれたのだ。そして獄中で源之助は目覚める。

その時始めて源之助は事の真相を知つた。瞬間あまりの驚きに眼は眩らみ、全身がケイレンした。張り詰めてゐた彼の気持は急転直下高橋に対する憤怒に変つた。が、既に遅かつたのである。彼は……から冷たい夜空を眺めては、ミサオのことばかり考へてゐた。（略）夜空を眺めてミサオのことを考へ続けてゐる源之助は既に、真と偽とを知つた。

またミサオ（原泉子が演じる予定だった）と源之助の関係について本庄は次のように記している。

源之助がミサオと一緒になつたのは一九三三年の春である。源之助は心底ミサオに惚れてゐた。ミサオの家の二階を間借りしてゐる時分から彼女に心を寄せてゐたのである。（略）両親のない源之助は蓬田錠作をほんとの父親の様に思つてゐた。／ミサオは半年も立たない間に……から出て来た。彼女は「……清算」して出て来たのである。／源之助は歓善《（ママ）》を以て迎へた。源之助と一緒になつてからのミサオは、暗い気持で暮す日が多くなつた。彼女は心の奥底から何か良心をツクものを感じたからである。間もなく彼女は妊娠した。源之助は狂気せんばかりに喜んだ。然し間もなく夫婦喧嘩する日が続く様になつた。二つの性格はいつまでも平行線であり反撥し合つた。（略）源之助は彼女の良心的な悩みを理解することは出来なかつた。俺はこんなに、ミサオを愛してゐるのに、どうして俺の心がわからないんだらうと考へて、憂鬱になるのであつた。（略）ミサオが自分に何を望んでゐるのかそれさへ理解出来なかつた。

女の考えていることやその感情を男が理解できないという有り様は、『浪華悲歌』のアヤ子と西村の関係と共通している。またアヤ子が後に留置場に一晩入ることになるのも、ミサオの社会主義運動・労働運動による逮捕・転向と、境遇が違うにせよ、共通した女性のありようを見ることができる。その意味では、戯曲の後半でミサオがどのように描かれていたのか判らないのがとても残念だ。「烟る安治川」を溝口かあるいは依田が読んでいたかどうかは判らないが、安治川べりは働く若い男女の葛藤の場にふさわしいというイメージが溝口にはおそらくあったのだろう。

また、安治川のあたりについては小野十三郎《とおざぶろう》（1903〜1996）が詩に書いている。

島屋町　三本松
住友製鋼や
汽車製造所裏の
だだつぴろい埋立地を
砂塵をあげて
時刻《とき》はづれのガラ空きの市電がやつてきてとまる。

北港海岸。

風雨に晒され半ば倒れかかつたアーチが停留所の前に名残をとどめてゐる。

「来夏まで休業――」
潮湯の入口に張り出された不景気な口上書を見るともなく見てゐると
園内のどこかでバサッ　バサッ　と水禽の羽搏きがした。

表戸をおろした食堂、氷屋、貝細工店。
薄暗いところで埃まみれのまゝ越年する売れ残りのラムネ、サイダー、ビール罎。

いまはすでに何の夾雑物もない。

海から　川から

風はびゆうびゆう大工場地帯の葦原を吹き荒れてゐる。

（「北港海岸」『詩集　大阪』赤塚書房、1939年、引用は『小野十三郎著作集・第一巻』筑摩書房、1990年、による）

これは1936年から1939年の間に書いたものだが、同じ頃にやはりこの付近について書いた詩をもう一つ紹介しよう。「初夏の安治川」という詩である。

骸炭の濃ゆい黄ろい煙が生ひ茂つた雑草の頭を撫でて一すぢ低く流れてゐる。
湯でも湧かしてゐるのだらう。
赤ん坊をおんぶしたひつつめ髪の鮮人の女が共同干場のところにしよんぼりしやがんで物
憂さうに棒つ切か何かで釜の下をかきまぜてゐる。
線路際の煤ぼけた長屋の天井をガタガタ震動させて西成線の気動車《ガソリンカア》が通過する。
襁褓《おしめ》など干しわたした狭い路地と路地の間に
空高く距離の均衡をぶつこわすやうな巨《でか》い六本煙突が聳えている。
息《いき》をひそめてゐる大煙突をじつと視てゐると
その静けさに圧されるやうに
夕暮時の生活のさまざまな雑音が耳に入つてくる。
豆腐やの鈴の音、貨物船の汽笛《ぼう》
何かを罵り喚く女たちの疳高い声
蠟石のカケラなどをもつて路上に嬉戯する餓鬼共のざわめき、叫び
夕焼けの中に蚊柱がたち
引込線のシグナルにキラリと橙色の灯が入る。

黒いタンクのやうな油槽貨車が幾輛もつながり
薄暗い構内のどこかでガチヤーンとはげしく貨車を連結する音がする。
だがまだ倉庫裏の川沿ひの原つぱには鈍い銅色の太陽が照り
ボールを追ふユニホームの白がグラウンド一帯にチラチラしてゐる。
そして時々ワアッと云ふ歓声が風に乗つてつたわつてくる。

（『詩集　大阪』）

小野十三郎は大阪の港や川沿いの重工業地帯、そしてその周辺に住む当時日本の植民地だった朝鮮から渡ってきた人々の集落をザッハリッヒに描いていく。

同じような光景は大阪のモダニズム写真家の安井仲治（1903〜1942）もカメラにおさめている。「西大阪所見」や「クレインノヒビキ」（ともに1923年）は重化学工業地帯として発展していく大阪の港と川の風景をよくとらえているが、特に後者は『浪華悲歌』のアヤ子と西村の殺伐としたデートシーンの背景にこうした風景があったと想像することもできるようなものである。「海港風景」（1930年）という写真などは港湾労働者の姿をとらえており、『浪華悲歌』のロケを見物して、山田五十鈴に「えゝ女やな」などとヤジをとばして嫌がられた労働者達はこうした人達であったろう。また安井は朝鮮人集落の姿もとらえている。

溝口がアヤ子の人生の転機となるシーンのロケ地として選んだのはこういう土地であった。

安井仲治「西大阪所見」(1923年)
(所蔵・兵庫県立美術館寄託)

安井仲治「クレインノヒビキ」(1923年)
(所蔵・兵庫県立美術館寄託)

安井仲治「海港風景」（1930年）
（所蔵・兵庫県立美術館寄託）

安井仲治「山羊と半島婦人」（1937〜1940年頃）
（所蔵・兵庫県立美術館寄託）

そこで若い恋人達が話していたのは「金」のことである。自分の家にふりかかってきた「金」の問題を恋人に相談し、恋人も頼りにならず、肝腎の当事者の父親も腑甲斐なく、アヤ子は自分の力で問題を解決することになる。その解決の仕方は女がそういう時にとってきた妾になるという古い方法であった。ただアヤ子には新派悲劇のヒロインのように泣く泣く犠牲になるというイメージはなく、状況を切り開く力のない恋人や父親を非難し、罵倒しつつ、自ら「金」を調達していくのだ。アヤ子は他人の同情をよぶような「可愛げ」のある女ではない。そこがこの女性像の新しいところであり、現代的なドライな部分なのだ。そしてアヤ子は単に妾になっているだけにとどまっていない。次には兄の学費を調達するために男のスケベ根性を逆手にとって「金」をまきあげてしまうのである。父親が使いこんだ「金」を娘が妾になることによって救うという典型的な新派メロドラマ的設定で始まった『浪華悲歌』は、終わってみればそこから遥かに遠いところにまできていたのである。

四、モダン大阪

田中小実昌が『浪華悲歌』について面白いことを書いている。

現代風俗といったものが、やたらにからんでいる。主人公の山田五十鈴が、現代風な職業婦人で電話という文明の利器の交換手だ。その職業婦人の山田五十鈴が、なんとかわいく、若い女のコっぽいことか。／街ではいちばん現代的なデバート（という人も多かった）もでてきて、デバートのなかでもモダンな化粧品売場やエレベーターが画面にあらわれる。そのエレベーターのドアが、ご大層な螺鈿細工のようなもので、まことにぎんぎら。これは、そのころ、実際に大阪にあったデバートのエレベーターを撮ったものではないのか。／こんなところなど、（当時の）現代風俗にたいする皮肉みたいな観方もあったようだけど、溝口健二という人は、皮肉をたのしむ監督ではない。ありのまま、そのままを撮ったつもりだったのだろう。ぼくの考えでは、ありのままを撮るなんてできっこない、とおもうが、溝口健二監督はそれを信じたようだ。溝口健二監督のきびしいリアリズムなどと言うが、洋装がよく似合う、若い美貌の職業婦人を主人公にもってきて、なにがリアリズムだ。／いや、ぼくは溝口健二監督の悪口を言ってるのではない。溝口健二監督のこんな映画のことを、きびしいリアリズムなどとほめた連中がどうかしてる。溝口健二監督にすれば、ただおもしろい映画をつくるつもりだったのだろう。／「浪華悲歌」には、デバートとならんで現代的なアバートもでてくるが、りっぱな玄関で、車寄せみたいなものもある。その内部もタタミと板の間があったりしておかしい。また、タンゴなど、外国のポピュラー（という言葉は、まだニホンになかった）曲を、よく蓄音機にかける。蓄音機がふつうの家庭へも普及したころだ。

（『ぼくのシネマ・グラフィティ』新潮文庫版、１９８６年、２８８〜２９１ページ）

溝口は『浪華悲歌』で大阪のモダンな空間をさかんに描いている。叙述の関係上、田中がふれていない地下鉄のことから入っていこう。惣之助がアヤ子をアパートに囲っているのを妻のすみ子にばれてしまって、すみ子がアパートにのりこんで惣之助を連れ帰り、アヤ子と惣之助の関係が切れることになった次のシーンに地下鉄は登場する。アヤ子が地下鉄に乗っているのである。そしてプラットフォームに降りると、偶然妹の幸子に出会い、兄の学費や就職の保証金でどうしても二百円ほどいると知らされる。「あてら知らん、そんなこと」とその場では妹をつっぱねたアヤ子だが、そのあと藤野をたぶらかして金をせしめて、それを父に送ることになる……。この地下鉄の駅は心斎橋のようである。戦後の論考だが、飯田心美「日本映画と風俗描写」（『映画評論』１９５１年７月号）に次のようにある。

地下鉄が御堂筋に開通して幾年にもならない時代のことで心斎橋駅のタイル壁も目あたらしい。その地下鉄の入口で家出した姉は妹に会つて二言三言の会話の末すげなく逃げるように走りさる。

日本初の地下鉄が東京の上野・浅草間を走ったのが１９２７年である。溝口の監督した『東京行進曲』（1929年）の主題歌にも「ひろい東京恋ゆえ狭い　粋な浅草忍び逢い　あなた地下鉄　わたしはバスよ　恋のストップまゝならぬ」と歌われている。地下鉄はジャズのメロディにふさわしいモダンなものだった。

大阪の地下鉄は東京より遅れること六年、1933年に梅田・心斎橋間が開通した。『近代大阪の五十年』（大阪都市協会、1976年、53ページ）によると、当時、『大大阪地下鉄行進曲』、『大大阪地下鉄小唄』といった、地下鉄のスピードや乗り心地を讃える内容の歌がつくられたという。

地下鉄・ジャズ・スピード・ネオン——このイメージの連鎖にこの頃の大阪の「アメリカ」的な風景を見ることができる。服部良一によると、「関東大震災で壊滅した東京を逃がれて

地下鉄プラットフォームでの撮影風景
（『オール松竹』1936年6月号）

ジャズ界のパイオニアたちが関西へ移ってきたことが大きな刺激になって」、1920年代後半に、道頓堀を中心に大阪でジャズが盛んになったという。ダンスホールやカフェーで熱っぽくジャズが演奏され、歌われた（服部良一『ぼくの音楽人生』中央文芸社、1982年、7〜15・63ページ）。このジャズ華やかなりし頃の大阪のダンスホールに溝口健二は俳優の中野英治に誘われて行き、そこでダンサーをしていた嵯峨千枝子と恋仲になり、二人は1927年8月に結婚した（岸松雄『人物・日本映画史Ⅰ』590〜592ページ）。その溝口の『狂恋の女師匠』（1926年）で中野と共演したこともある岡田嘉子は『椿姫』撮影中（1927年）に村田実監督への不満から竹内良一と駈落して映画界にいられなくなり、一座を組んで各地をまわっていたが、1928年1月に道頓堀の松竹座で演じたレビュー形式の『道頓堀行進曲』が大入りとなり、その主題歌が爆発的にヒットした。

このジャズ調の主題歌は道頓堀のカフェーで一斉に歌われたという（『ぼくの音楽人生』12〜13ページ）。この歌の中に道頓堀川に映る赤い灯や青い灯の描写があるのは、道頓堀添いにネオンが集中してつけられていたからで、1933年当時のキャバレー「グランド・パレス」の四千メートルのネオンは世界一であったという（佐々木幹郎『都市の誘惑』TBSブリタニカ、1993年、117ページ）。『浪華悲歌』のファースト・ショットは前にも述べたように道頓堀の夜景なのだが、真ん中に写っているのはキャバレー・アカダマの風車のネオンである。

関西のネオン発展の歴史というのは、たぶん東京以上やったでしょう。それも道頓堀に集中していました。スポンサーが競って堀に沿ってネオンをつけたし、戦前からあそこではネオンサインのコンテストもしていました。わたしの小さいときは、『アカダマ』というキャバレーが、壁面に風車が回るネオンを付けていたのを覚えています。あのどぶ河にはネオンが似合いましてねえ。

（『都市の誘惑』119ページ）

これは大阪クロードというネオン会社の喜多河育造社長の想出話である。服部良一（1907〜1993）は『道頓堀行進曲』がはやっている頃にアカダマ専属のバンドでサックスを吹いていた。まだ二十代の前半であった。彼はこう書いている。

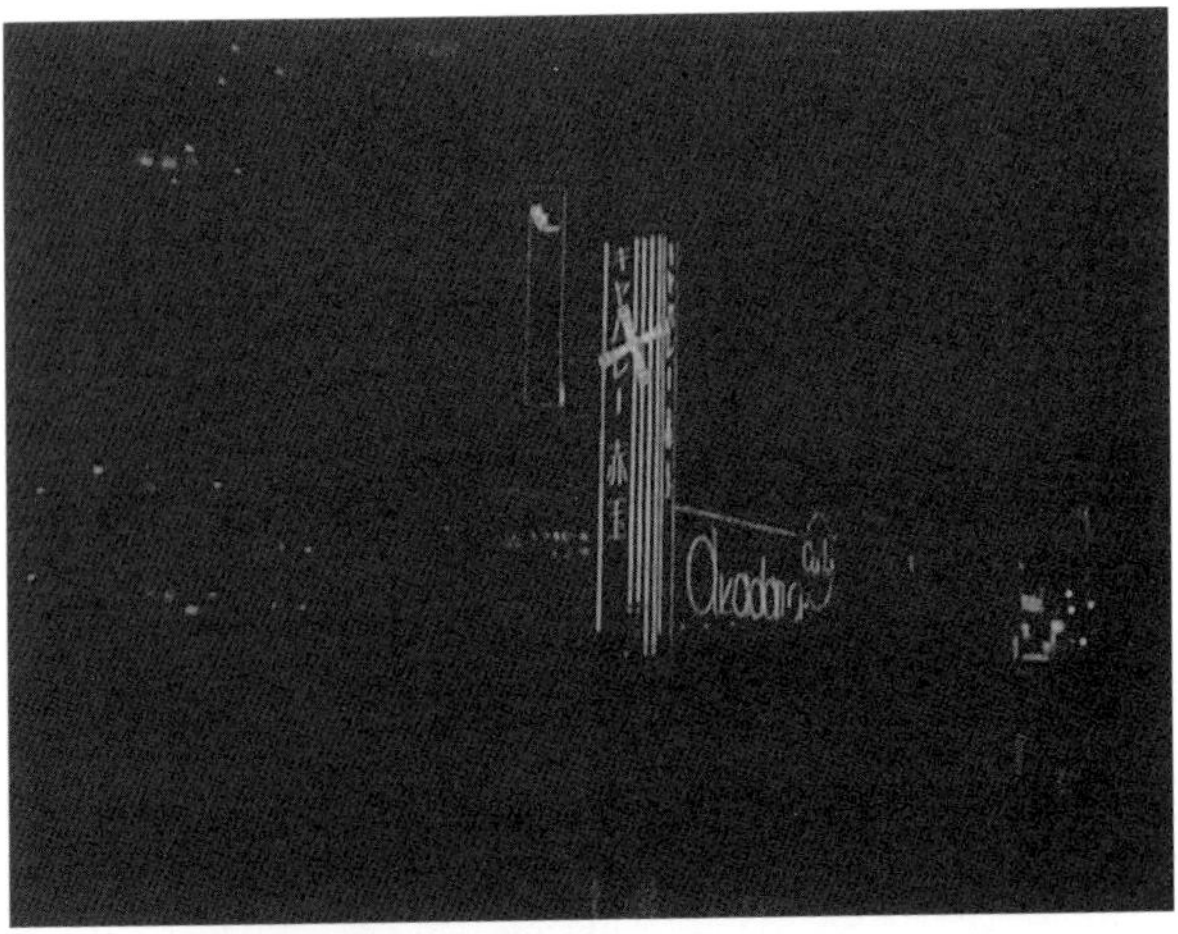

『浪華悲歌』冒頭のアカダマのショット

『赤玉』は、もとは「西洋御料理・赤玉食堂」であったが、そのころから、ひどくモダンな建物で全館色電球のイルミネーションで飾られ、店の前にはパリのムーラン・ルージュをまねた赤い風車がまわっていた。カフェーに改造してからは、自他共に日本一のカフェーを誇っていた。従って、入れるバンドも超一流でなければならないわけである。（略）名手松本伸は『赤玉』のステージで、テッド・ルイズのまねをやって受けていた。シルクハットとクラリネットで『ミー・アンド・マイ・シャドー』などで客の拍手喝采を浴びていたのを、昨日のことのように思い出す。

（『ぼくの音楽人生』67〜68ページ）

また木村荘八は1930年頃のアカダマについて次のように書いている。

日のくれに、ぼんやり道頓堀の赤玉カフエーと云ふのへ見物にはいると、レヴィユーを上演してゐました。（略）その場数が進んで、「女十八花恥かしや」とか云ふ外題の幕になります。と見る、何れもきっちりと股間へ〆め付けた、曲馬の猿又の様ないでたちの裸か女が四五人立並んで、その猿又のふくよかな真正面、彫刻家の所謂デルタ面へ持つて来て、墨黒々と、相当大きくハート形を描いたのに出会《でくは》しました。（更にその次の幕では、同じデルタ面へ、此度は麗々しく？《クエッションマーク》を金糸《きんし》で縫取りした一団が現はれて大いに輪舞しました。）／まあ、この辺を、尖端的と云ふのでせうが、惜しむらくは尖端にして大阪地方的です。少し新らし過ぎる。

（「大阪今昔」『改造』1930年11月号）

アカダマのことは織田作之助の『世相』（1946年）のなかにも出てくる。

美人座は戎橋の北東詰を宗右衛門町へ折れた掛りにあり、道頓堀の太左衛門橋の南西詰にある赤玉と並んで、そのころ（佐相註＝1936年頃）大阪の二大カフェであった。赤玉が屋上にムーラン・ルージュをつけて道頓堀の夜空を赤く青く染めると、美人座では二階の窓に拡声機をつけて、「道頓堀行進曲」「僕の青春」「東京ラプソディ」などの蓮ッ葉なメロディを戎橋を行き来する人々の耳へひっきりなしに送っていた。

（引用は『日本文学全集72』集英社、1969年、による）

キャバレー・アカダマのネオンという、いわばもっとも「アメリカ」的、消費生活的、享楽的な風景を溝口は『浪華悲歌』の冒頭にもってきたのである。そしてその風景の背後にどういう人生が隠されているかを描いていった。アヤ子のたどった軌跡は、道修町の製薬会社の電話交換手が家族にふりかかってきた「金」の問題を自力で解決していった時、世間からは「不良少女」のレッテルをはられていた過程としてとらえることができる。そしてあのラストシーンはアヤ子のその後について様々な想像をめぐらせるが、たとえばアヤ子がキャバレー・アカダマの女となってしたたかに人生を生きていったとも考えることができる。昂然と顔をあげて、かすかに笑みすら浮かべながら夜の街にいどむように向かっていくアヤ子の姿は、どのような場で彼女が生活するにしても、世間の「不良少女」というレッテルをはねのけるたくましい生き方をしていくであろうことを暗示している。『赤線地帯』で若尾文子が演じたやすみはアヤ子のその後の姿なのだと考えることもできるだろう。

ここで改めて冒頭のアカダマのショットに戻ってみると、この夜のイルミネーションの華やかさから、朝が訪れ、イルミネーションが消えて、間の抜けたような感触が感じられたことを思い出す。そして、場面が切り替わって、とある家がロングショットでとらえられ、画面外からこれも間の抜けたうがいする男の声が聞こえてくる。溝口はこの冒頭の一連のシーンにおいて、夜の一見華やかに見える世界と、朝の白けたような虚脱した世界とが一体であることを示したのだ。そしてこの二つの世界に通底するものこそ「金《かね》」であり、ヒロインのアヤ子はその「金」のために「朝」の世界と「夜」の世界を往還し、最後には「夜」の世界（それは冒頭の華やかなイルミネーションのイメージとは異なる、ネオンが写り水面にゴミが浮いている世界だ）で途方に暮れ、しかしやがて挑むように「夜」の世界に突き進んでいく。

ネオン、ジャズ、スピード——地下鉄はまずはそうした活動的で華やかなものとしてイメージされた。「駅構内の美しいタイル装飾、アーチ構造の高い天井に輝くシャンデリア、さらにエスカレータまで備えた豪華な設備に人々は目を見はりました」(『大阪市営交通90年のあゆみ』大阪都市協会、1993年、36ページ)という。地下鉄の駅に初めてエスカレーターがつけられたのは1932年に開通した東京の三越前駅だが(初田亨「地下鉄と百貨店」『建設工業新聞』1982年5月17日)、大阪の心斎橋駅のホームに設けられたエスカレーターは、「大半の市民にとっては初体験の近代設備」なので、「事故のないようにと」「のろのろと作動したため、急ぐ人からは敬遠された」とのことだ(『大阪市営交通90年のあゆみ』39ページ)。石田房次郎の撮った開通した頃の地下鉄淀屋橋駅の写真(『日本写真全集7 都市の光景』小学館、1987年、所収)は、コンクリートの地肌が強調された左右対称の美しい幾何学的構図をもち、ひんやりとした都市のモダニティを感じさせる。それは明るく華やかな

石田房次郎の淀屋橋駅の写真

(『日本写真全集7』)

地下鉄の表層のイメージとは少し異なる都市の深層の暗部を露呈しているように思える。アヤ子が幸子と出会った地下鉄のホームは淀屋橋ではなく心斎橋のようだが、地下鉄のホームのちょっと薄暗い無機的な感触は共通しており、家族の誰からも理解されないアヤ子の孤独感・疎外感を表現するにふさわしい空間といえる。

大阪の地下鉄は1935年に難波まで延長された。梅田・心斎橋・難波の各駅からは地下道でデパートに連絡されていた。梅田の阪急、心斎橋の大丸とそごう、難波の南海高島屋である（小山仁示・芝村篤樹『大阪府の百年』山川出版社、1991年、178ページ）。地下鉄の駅とデパートを地下で連絡するという方法はすでに東京の地下鉄が行っていたことであったが、大阪もそれにならったのである。

ここでようやく田中小実昌の書いているデパートにたどりついた。浅井製薬をやめて惣之助によってアパートに囲われるようになったアヤ子が偶然恋人の西村と再会するのがデパートの化粧品売場で、その後二人は同じデパートの喫茶店にはいって話をするのである。このデパートはよく見ると画面に名が出ているが、心斎橋にあった「そごう」である。

心斎橋のそごう大阪本店は、1930年1月の御堂筋での地下鉄建設工事の着工を契機として、新築工事計画を具体化し、1931年10月に第一期工事を起工している。起工式の日の『大阪朝日新聞』は「御堂筋を飾る／尖端ビル競争」という見出しをかかげて「御堂筋の両側には高速地下鉄工事の進捗とスピードを争ってモダーンな高層建築が続々現はれ」たとし、その一つとしてそごうデパートにふれている。

けふ起工式の十合は大阪で最初の地下三階（地下一階は地下鉄に連絡）地上は八階百尺総延坪約一万坪で大宝寺町通りの街路を隔てゝ目下増築中の大丸（地下二階、地上七階百尺総延坪は大阪一で一万一千三百二十四坪）と覇を争つてゐる。／十合の外壁は内部の商品に斜陽が照りつけるのを防ぐとゝもに御堂筋から斜に大観したときの雄大な建築美を誇るため幅一尺五寸、厚さ六寸の竪線の突起壁を上下に貫いた点、御堂筋に面した側はショーウインドを廃して街路と店内との融和感を与へやうとする点、一階を街路面より低め店内に一歩踏込んだ刹那の視界を広めやうとする点（略）などは従来の百貨店の建築様式を大胆に破つた手法と興味をもつてみられてゐる。

（1931年10月22日）

第一期工事は1933年7月に竣工した。梅田・心斎橋の間に初めての地下鉄が開通して一カ月余り後のことであった。そしてすぐに1934年1月から旧店舗をとりこわして第二期の工事を開始し、1935年9月28日に竣工、翌日の『大阪毎日新聞』は「グラスと大理石／ご自慢のデパート」と見出しをかかげて新装されたそごうの写真を掲載している。そして10月1日に新しい本店が開店した。この時から従来の「十合呉服店」という店名を廃止して、「そご

（『大阪毎日新聞』1935年９月29日）

（『大阪毎日新聞』1935年９月30日）

う」という名を一般に用いるようになった（以上『株式会社　そごう社史』株式会社そごう、1969年、による）。この建物を中学二年の時に見たという建築家の武田礼仁はそのモダンな感じに感心したという（「仕事と年齢」『学生サロン』1975年1月号。後に『村野藤吾著作集』同朋舎出版、1991年、に所収。引用は後者792ページによる）。『キネマ旬報』の「本邦撮影所通信」によれば、『浪華悲歌』の大阪ロケは1936年の3月に終わっているから、そごう新本店が開店して半年も経たない頃にここでロケをしているのである。「新しもの好き」溝口の面目が躍如としているところである。小倉武志「横から眺めたロケーション」（『オール松竹』1936年6月号）がこのロケにふれている。

心斎橋筋の十合デパートは今日は公休日である。その公休日を拝借して、山田のアヤ子が、恋人の西村進（原健作）とランデヴーの楽しい一日の撮影である。（略）十合デパートとタイアツプしたんで（高橋梧郎宣伝部長のお手柄である！）一階から七階まで自由に使へることになつてゐたし、それに十合デパートの店員が特別出演するといふんだから、仲々面白い。デパート・ガール総数百五十人、仲々キレイな娘さんがゐる、山田と、何れがスターか一寸判断しにくい位の美人もゐる。オツトこれは失言。

当時の売場は一階から七階まであったが、映画にはこのうち一階の化粧品売場とエレベーター付近、二階のパーラーが映っている。田中小実昌がふれている「ご大層な螺鈿細工のような」エレベーターの扉というのは、一階の南側に八基ならんでいるエレベーターの扉のことで、これは「島野三秋の手になる豪華な象嵌の花鳥図であった」（『株式会社　そごう社史』２３３ページ）。二階のパーラーには千疋屋が入り、「吹抜きに面した百四十五平方メートル（四四坪）に、客席六十席を配したしゃれたパーラーであった」（『株式会社　そごう社史』２３６ページ）。映画で見てもそのしゃれた感じは十分伝わってくるが、アヤ子と西村がジュースをストローで飲みながら話している背景には、現実音なのか効果音なのか判らないが、小鳥のさえずる声が聞こえている。明るく、のどかで、開放的な雰囲気に満ちていて、西村はそうしたムードに酔ったのか、「アヤちゃん、結婚しよう」と言うのだが、惣之助の愛人になっていることを秘密にしているアヤ子はいたたまれなくて、その場を逃げだしてしまう。アヤ子の後ろめたい暗い気持ちと楽しげな明るい空間が対比されている。このあと現存プリントには無いのだが、シナリオではアヤ子のアパートのシーンへとつながっていく。

56　浪華パンシヨン、アヤ子の部屋。
アヤ子帰つて来て、心の中に湧くいろいろな想ひに迷ふ――遠くから聞えてくるレコード「谷間の灯」長き間。

ベツトの上へうつ伏して泣くアヤ子。小母さん入つて来て

そごう一階エレベーター

(『国際建築』1936年８月号)

そごう一階売場

(『国際建築』1936年８月号)

そごう喫茶室
（『国際建築』1936年８月号）

「どこぞ塩梅でも悪るおまんのか？」

「どうもあれへん、放つといて……」

「…………」

（『溝口健二作品シナリオ集』44ページ）


封切り当時のオリジナルプリントにはこのシーンがあったのであろう。

ところでそのアパートだが……。ごく一部の先駆的な例を除けば、日本における鉄筋コンクリート造りのアパートは、同潤会が1925年から東京・横浜で着手した十六のアパートの建設から始まったといってよい。大阪ではいつごろから鉄筋コンクリート造りのアパートが造られ始めたのか私は知らないのだが、1930年に建設された下寺町のアパートがある。これは「当時スラム街だったこの地に大阪市が都市居住者のために建てた」（福島明博『近代名建築浪花写真館』日本機関紙出版センター、

『浪華悲歌』の喫茶店のシーン　山田五十鈴と原健作
（『シナリオ』1983年1月号）

1994年、178ページ）もので、北尾鐐之助は建築二年後にそこを訪れてこんな感慨をもらしている。

夕陽ケ丘の口縄坂を降りて、下寺町に出ると、もうそこは片側寺町で、狭い町通りに往来の車がもみ返してゐる。こゝにも相当な巨刹があるが、坂上の寺町がもつやうな静寂さがない。／そして、名物のこはめし屋の角から一歩西に入ると、高津入堀川を挟んで、近代都市の構成に必要な、市営アパートの牢獄のやうな生活が描き出される。（略）アパートの近代建築は、あらゆる都会の廃棄物をこゝにあつめてゐる。紙屑屋、荷馬車挽、日雇稼ぎ、遊芸人、小売行商、そして、それ等の生活を保障するための日用品、雑貨の店など、それ等の生活が、鉄筋コンクリートの置棚のやうな家に蔵ひ込まれてゐる。家の裏手に廻ると、いくつもの大きな荷馬車が置かれ、その車の上を伝つて、無数の子供が飛び廻つてゐる。（略）私は、その区画をあちこちとあるいて、高い四層の上に薄れて行く、夕陽の光りをほのかに浴びた、小さい一つ一つの窓口、そこに作られた草花の盆栽棚を仰いだ。／あの広い、徒らに空漠たる寺町寺院の庭苑！。一尺の土ももたない、新しい市営アパートの窓口の植木鉢。それは何といふ皮肉な生活両極端であらう。

（『近代大阪』創元社、1932年、224〜225ページ）

下寺町のアパートのようにスラムのあとにアパートをたてるということは既に同潤会が関東大震災で焼けた深川猿江裏の貧民街で行っていることだが、同潤会の他の十五のアパートの住人は会社員・銀行員・軍人・官公・商工業者・医師教員など中産階級がほとんどであったという（マルク・ブルディエ『同潤会アパート原景』住まいの図書館出版局、1992年、189ページ）。

『大阪朝日新聞』1931年2月5日は「尖端人を引きつけて／ふえるアパート」という見出しで、大阪では住吉区一帯を中心にアパートが次々につくられ「建設中のものなど加へると合計二十は下らないだらう」としている。このなかに鉄筋コンクリート造りのものがあったかどうかは判らないが、家賃は高いものから低いものまでさまざまで、「アパートは若い尖端人の魅惑の的になつて『一九三一年はアパートの窓から』といふスローガンさへ出来てゐる」と述べている。アパートというものが1931年当時の最新流行の現象であったことがうかがえる。『浪華悲歌』のアパートは「住之江の浪華パンション」だとアヤ子が西村への電話で説明しているところがあるから、住吉あたりにアパートが多かったという現実をふまえていたのだろう。そしてこの「浪華パンション」も「若い尖端人の魅惑の的」になるようなモダンなものに作られている。そもそもパンションという名前も「尖端」的で珍しいが、その建物も当時のアパートや現在のそれとも全く違っていて奇妙な感じを受ける。

『浪華悲歌』で浪華パンションが初めて登場するのは、惣之助の乗った車がパンションの玄関に横付けされる時である。田中小実昌が「りっぱな玄関で、車寄せみたいなものもある」と書いていているこの玄関の大きさ、立派さは、このパンションが他のアパートとは全く質を異にしていることを示している。私が実際に見ることのできた代官山・青山・清砂通の同潤会アパートにはこのような玄関はない。そしてさらに違うのがその内部である。浪華パンションの内部はセットだろうが、惣之助が玄関からホールへと入っていくと、そこに女の人が本を読んでいて、惣之助と軽く挨拶をかわす。ここでまず普通のアパートとちょっと違うなという印象を受ける。ホールから廊下へと白色の目につく明るい開放的な空間になっているのもそうした印象をさらに強めていく。惣之助が階段下まで行くと、パンションの小母さんがいて惣之助と挨拶をかわす。この小母さんの存在がこのパンションのまたユニークなところである。小母さんは惣之助とアヤ子の関係を知っており、アヤ子の相談にのったりしている。プライバシーを守る近代的・現代的な人間関係とは異なるものがここにはある。浪華パンションのアヤ子の部屋には大きなガラス窓があって、一階の廊下から見えるようになっている。西村がやってきた時、部屋にいるアヤ子は窓際から一階に入ってきた西村に呼びかけ、西村が上にいるアヤ子を見出すのである。つまりこのパンションに入ってきた人は二階のアヤ子の部屋をガラス窓越しに見ることができるのである。もちろんカーテンをすれば見えなくなるわけだが……。この開放的な感じは、各部屋がドアによってピシッと閉鎖されている感じをうける同潤会のアパートとは相当印象を異にしている。アヤ子のプライバシーに通じている小母さんの存在は、アヤ子の勤め先を道修町にとったのと同じような意味合いがあるのかもしれない。現代風の乾いたドラマをつくるにしても、枠組としては新派メロドラマ的な設定を必要とするのが、溝口のやり方なのだと。

『浪華悲歌』で浪華パンションは道修町の浅井製薬、築港のアヤ子の家とならんで重要な場所になっており、三回登場する。最初が惣之助が訪ねてくる時で、惣之助はアヤ子に小切手を渡す。アヤ子の父親が使いこんだ金をこれで返せるのだ。この時のアヤ子は愛人を待っている女という感じでまだしおらしい。その後、二人は文楽座へ行くが、その時のアヤ子が丸髷なのは奥さん志向のしおらしさを物語っていよう。

浪華パンションの二度目の登場は、主治医の勘違いからすみ子がパンションにのり

「浪華パンション」セットでの撮影風景

(『オール松竹』1936年6月号)

こんできて、病気の惣之助を連れ戻すシーンである。ここでのアヤ子は、すみ子に「あんたは恐いひとやなあ、おとなしそうに猫被ってて、二度と主人を誘惑したら承知しまへんで」と言われて、「ふん、頼まれても会いませんわ」と言い返すような、したたかさを身につけはじめている。現存プリントにはないのだが、シナリオにはこの後にさらに二人がさやあてするところが描かれている。そこを引用しておく。

63　パンションの廊下。
対立したすみ子とアヤ子。

「な。あて言うときまつせ、こんな事ばつかりしてると、今に屹度後悔せんなりまへんで……な、真面目な結婚しなはれ……それが身のためだつせ」

「へん、一体どつちが誘惑したんか知りもせんと……お世話になりましたと丁寧に挨拶するのが、当り前やないか。焼餅焼いてる暇に世間の勉強したらえゝねや、ほしたら、こうなつた訳が判るわ……」

「へ、そうだつか、そら悪るおしたな、えらいお邪魔しました」

すみ子足音高く階段を下りる
（『溝口健二作品シナリオ集』51ページ）

アヤ子はパンションの小母さんに、一緒になりたい人がいるのだが、その人にこういうことをしていることをすべて話したほうがいいだろうかと、相談する。小母さんは、好きだったら判ってくれるだろうと答える。勇気のでたアヤ子は西村に会ってすべてを話そうと決心する。そして翌日、アヤ子は地下鉄の駅で偶然妹の幸子に会い、兄が金のことで困っていることを知らされ、その金を工面するために藤野に肉体を提供するふりをして金だけだましとる。そして西村にパンションに来るよう電話する。ここで浪華パンション三回目の登場となる。西村がやってきて、アヤ子は惣之助とのことを話す。そこへ藤野がどなりこんで来る。アヤ子はとっさに西村を用心棒にしたてて藤野を追い返す。だが藤野が警察にたれこんだためにアヤ子と西村は警察に連行される。アヤ子はもうここでは、大人しい西村がおどおどしてしまうような「立派な不良少女」に「成長」している。丸髷を結って男に頼る「妾」であったアヤ子は、男を利用する「愛人」へと変貌したのだ。それまでずっと和装だったアヤ子がここで初めて洋装をしているのも単なる偶然ではない。そして浪華パンションのガラス張りの開放的な空間は、アヤ子のそうした変貌を象徴的に表現している。これが例えばアヤ子の生家のような暗い一軒家かなにかにアヤ子が囲われていたのだとすれば、もっと陰々滅々とした古くさい、被害者意識と受動性にみちた空間表現になってしまっただろう。浪華パンションという独特のモダンな空間を創造したことが、この映画に大きな意味を与えている。このように建築物がそこに住む女性の性格を表現しているというありようは、前作の『虞美人草』において藤尾を華麗な洋館

（下村邸）で表現したことと共通している。

ところで、アヤ子があてがわれた部屋の内部をよく見てみると、入口を入ってすぐが洋室になっていて左側にアヤ子が西村に声をかけた大きなガラス窓があり、その側に丸いテーブルと椅子が置いてある。その真上の天井部分だけ他のところよりちょっと下がっていて、壁面が曲面をなしてうねっており、葉の形をデザイン化した天井埋込照明がついている。アール・デコ風の意匠がとてもモダンな印象を与えている。さらに飾り棚に仕切られて台所があるという構造は現在でも十分通用する格好よさである。洋室の右手にはカーテン（ここにも葉の形の模様がついている）仕切りで寝室がありベッドが置かれている。そして入口から入って洋室の奥には襖で仕切られた和室があるのだが、襖を開けてしまうと洋室と和室はほとんど連続しているように見えるところが変わっている。浪華パンションの建物の玄関からホール・廊下、そして二階へ上がっていく階段回りの意匠は装飾性のない白と直線のシンプルな空間だが、部屋の内部はそれとはちょっと違ったやわらかな装飾性を感じさせる。

小母さんの存在といい、建物内部の様子といい、現在のアパートの感覚からすると奇妙な印象を受けるこの浪華パンションというフィクションとしての空間には実はモデルがあったのだという。溝口自身が座談会でこう語っている。

山本　大阪にあゝいふアパートはないのですつてね。

溝口　あれに近い大阪パンションといふものがありますよ。それがモデルです。

（「溝口健二座談会」『キネマ旬報』1937年1月1日号）

当時、大阪パンションというアパートがあったらしい。一体それはどんなアパートだったのだろう。現在はない幻の建物について文献からその姿を想像してみよう。

大阪パンションは建築家村野藤吾《むらのとうご》によって設計され、1932年に竣工している。建てられたのは西成区玉出町である。当時の玉出は大阪パンションを紹介した住宅誌によると「東は緑松連なる住吉帝塚山の丘陵地、西は茅渟の浦を隔て淡路島を望み、西大阪地帯の煤煙遠く…」というような閑静な場所であり、そこに「当時の住文化の最先端をゆくしゃれたパンションが出現したわけである」（浜口隆一・前野嶤「作品解説」『村野藤吾作品集　1928→1963』新建築社、1983年、254ページ）。

パンションとはフランス語のpensionからきているのだろうが、辞書でひくと「下宿」などとでている。だが現在のヨーロッパでは食事が三食ついているホテルのことをpensionといっているようである。大阪パンションのパンションとは具体的にどのような形態であったのか。

「大阪パンション」は、約50年前の日本で、ぐっとハイカラな思いをこめて名づけられた、内容としてはアパートメントホテルである。

（浜口隆一・前野嶤「作品解説」254ページ）

「アパートメントホテル」とは何だろうか。『建築大辞典（第2版）』（彰国社、1993年）の「アパートメントホテル」の項目を見ると次のように書いてある。

長期滞在客を対象とする都市ホテル。欧米ではパーマネントホテル（permanent hotel）ともいい、居住型のもの。各客室には居間と寝室の二間続きや自炊用のキチネット、ダイニングなどの設備をすることが多い。立地条件は業務地域に近く、しかも閑静なところが望まれる。

「アパートメントホテル」は普通のアパートとは違っていたのである。大阪パンションをモデルにした浪華パンションが当時のアパートとも現代のアパートとも雰囲気が違っていたのはそのためだったのだ。

大阪パンションはL字形の敷地のなかに四階建の部分と二階建の部分を組み合わせたもので、1931年から1932年にかけて描かれた図面を見ると（『村野藤吾建築図面集・第六巻』所収）、二階建の部分には「家族室」と呼ばれている貸室が一階・二階それぞれに三室、計六室ある。一室の間取りは当初の図面では、台所のついた板張の部屋とフエルト敷きの床に日本

26. アパートメン・ハウス「大阪パンシオン」
正面玄關
Apartment House, Main Entrance, Osaka
Architect: T. Murano

27. 南入口舗道、前圖に見らる燈竿とその下の小さな池、45° 傾いたブロックの小さく出た鐵板の軒先等がわかる。 Entrance Pavement looking down.

大阪パンション　1

(『新建築』1933年2月号)

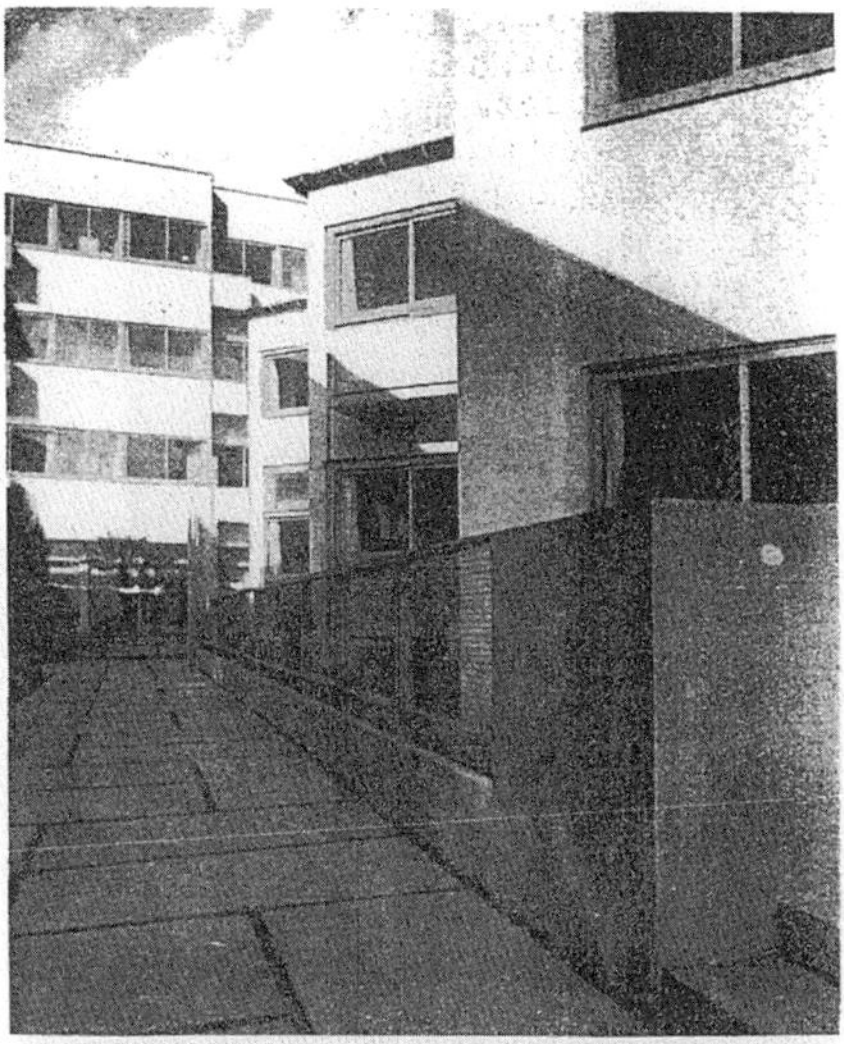

28. 上圖: 正面南門より見る View from Entrance gate
29. 下圖: 正面入口俯瞰 Entrance looking down
30. 左圖: 北側バルコン見上げ Northside looking up

大阪パンション　2

(『新建築』1933年２月号)

31. 上圖： 南側見上げ Southside looking up
32. 左圖： 北側入口 Back Entrance
33. 下圖： 正面玄關 Main Vestibule

大阪パンション　3

（『新建築』1933年２月号）

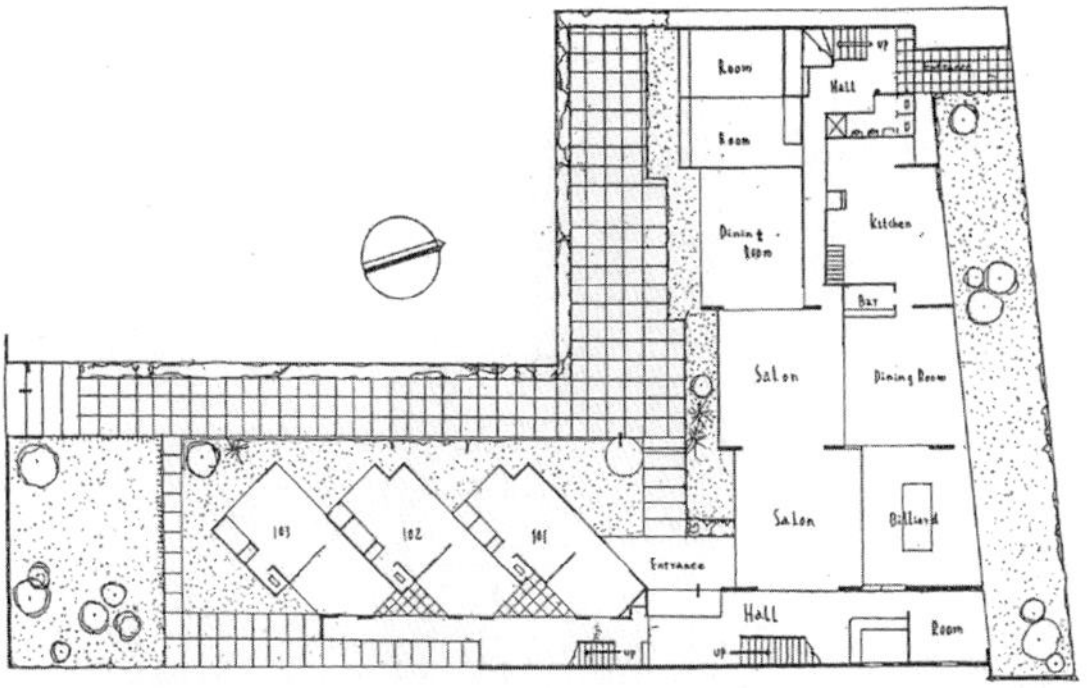

34. 一階平面　1st floor

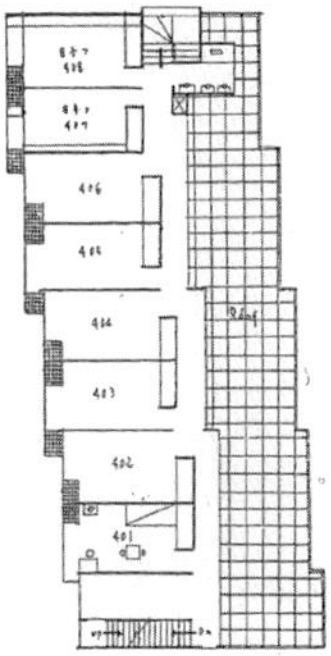

35. 四階平面　4th floor

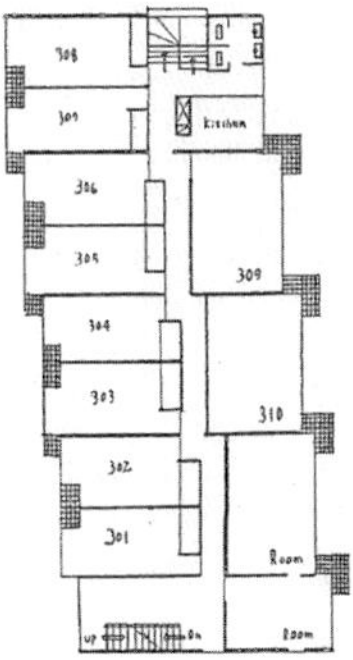

36. 三階平面　3rd floor

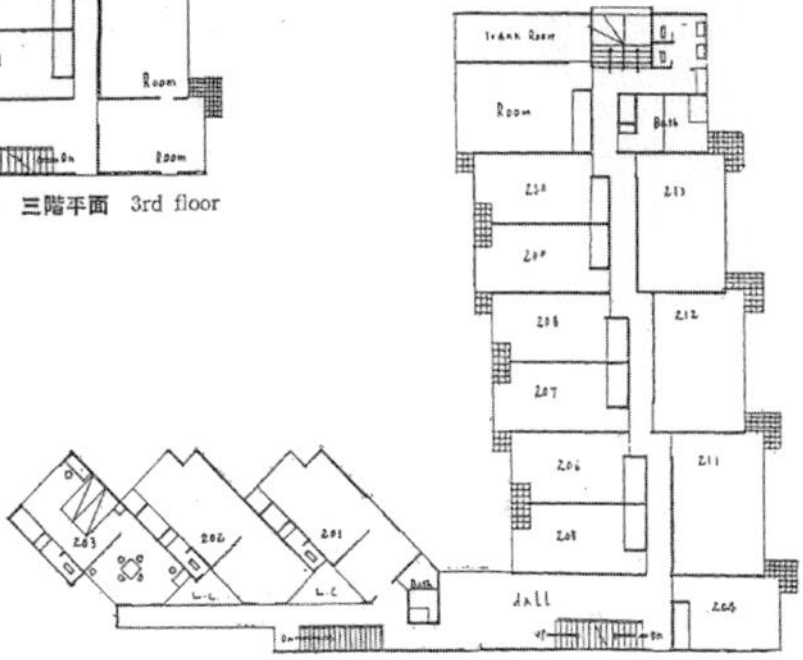

37. 二階平面　2nd floor

大阪パンション　4

(『新建築』1933年２月号)

38. 左上圖： サロン Salon
39. 左中圖： 食堂 Dinning Room
40. 左下圖： 受付 Office
41. 右下圖： 正面玄關 Vestibule

大阪パンション　5

(『新建築』1933年２月号)

大阪パンション内部　1
（『村野藤吾建築設計図展カタログ４』）

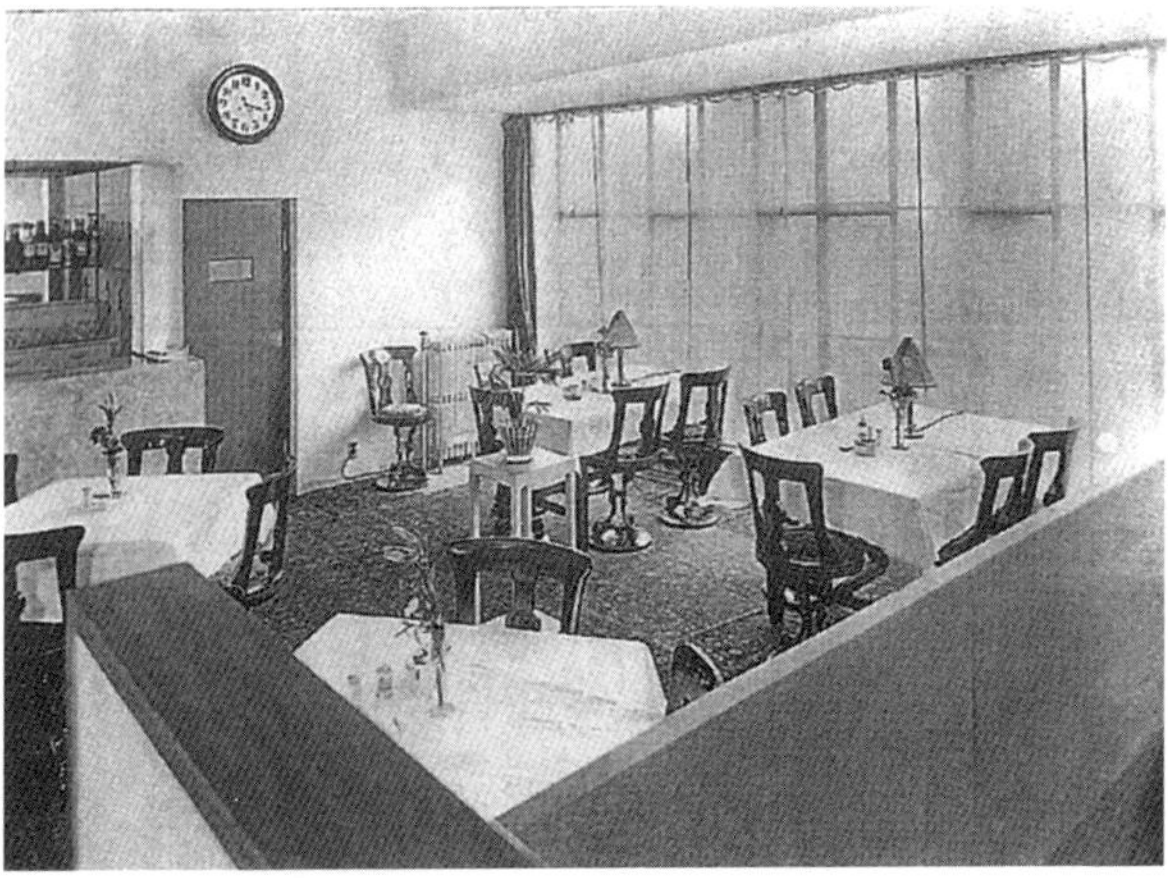

大阪パンション内部　2
(『村野藤吾建築設計図展カタログ４』)

大阪パンション内部　3
（『村野藤吾建築設計図展カタログ４』）

大阪パンション内部　4

（『村野藤吾建築設計図展カタログ４』）

畳をしいた六畳の和室、それに便所からなっていたが（同右、6・7・32・33ページ）、最終的には台所がなくなったようである（同右、40・41・55ページ）。また四階建の部分の方は一階に厨房・食堂・ビリヤード室・社交室（サロン）があり、二階から四階までが客室で二十八室のうち二室だけが和室になっている。廊下をはさんで南側は六畳くらいの大きさで折りたたみ式のベッドが一つ入っている。シングル用の部屋であろう。北側には二階と三階だけにしか客室はないが、大きさは南側の部屋の倍近くあり、家族室の大きさと同じ程度になっており、ダブルベッドが入っている（同右、46ページ）。

こうして見てくると浪華パンションのアヤ子の部屋は台所つきということで大阪パンションの家族室の最初のプランに近いといえるし、惣之助が玄関から廊下へと歩いてきた時にそこに本を読んでいる若い女性がいたのは、そこが利用客のサロンのようになっていたことを示しているだろう。「1階談話室にセットされていたアールデコ風のデザインの家具は室内の簡潔な意匠と調和し美しいものだった」（浜口隆一・前野嶤「作品解説」255ページ）というが、現在残されている写真はそのことをよく示している。そしてアールデコといえば『新建築』1933年2月号の写真33・40・41に写っている玄関・受付あたりの床の市松模様にも注目しておきたい。映画のアヤ子の部屋の意匠もまさにアールデコ風であった。

『建築と社会』1934年6月号の「大阪パンシオンに就いて」には、「大阪パンシオンは南海本線玉出駅より約半丁東にあたり大阪南地に出るに便なるためよく演芸者の宿所として利用される様であるが独身アパート住ひも相当の知識階級の人をうまくキヤッチしてゐる様である」とあり、「付近の知識人が食事に来てクラブのようにもなっていた」（初田亨・大川三雄『都市建築博覧・昭和篇』住まいの図書館出版局、1991年、89ページ）ということだが、「かつて大阪の〝モボ、モガ〟たちに親しまれ」ていたという解説もある（『村野藤吾　イメージと建築』新建築社、1991年、42ページ）。また1929年生まれの松村慶三（浦辺設計社長）は次のように書いている。

幸いにして私は大阪パンションの近くで生まれ育ったので、駅への往復にその前後を通ることが多かった。周辺の住宅地には豪壮な邸宅も多かったが、「パンション」はそのデザインのモダンさにおいて、またその細部にまで行き届いた暖かい心配りにおいて独特の雰囲気をもっていた。裏通りから洩れ聞こえる球戯のひびきも子供心をときめかせるに充分で、当時非日常的であったフランス料理と共に、夢みるような文化的香気を発散しているのであった。

（「ホテル――ホスピタリティーの芸術」『村野藤吾建築図面集・第六巻』6ページ）

前に述べたように大阪パンションの一階にはビリヤード室（球戯室）や食堂があった。その食堂では当時普通の人間など食べたこともないフランス料理が供されていたことが判る。大阪パンションは当時の尖端的な人達が利用していたアパートメントホテルだったのだろう。大阪パンションのエクステリア・インテリアのモダンさを浜口隆一・前野嶤「作品解説」はこう書いている。

> 昔の資料によると、かつての表門の入口に、なかなかおもしろいデザインの門標があったという。この門は当時の思いきりモダンなアパートメントホテルにふさわしい、スマートな感じのもの（略）インテリアでとくに印象的だったのは、客室階の廊下を屈折した壁面に沿ってジグザグに折り曲げ、各個室の独立性、プライバシーを強調していた手法である。こうしたプランや全体の構成は、確かに当時としては、おどろくほど新鮮だったにちがいない。
>
> （２５５ページ）

この門の図面が二つ残されており（『村野藤吾建築図面集・第六巻』22・53ページ）、どちらが実施されたのかは判らないということだが、『新建築』１９３３年2月号の写真27と30に写っているのが門標ではあるまいか。もしそうであれば53ページのものが実施されたのだと考えられる。

また「各個室の独立性、プライバシーを強調していた」ということに関していえば、『浪華悲歌』に出てくる例のパンションの小母さんのことが気にかかる。こうした小母さんは現実の大阪パンションにもいたのだろうか。『新建築』1933年2月号の写真40に受付の女性が写っている。かっぽう着を着たその姿は映画の小母さんのそれと共通している。とすると映画の小母さんは大阪パンションの受付の女性をモデルにしたと考えてよいだろう。だが現実の大阪パンションの受付女性は映画のように客（住人）のプライバシーにわたって相談に乗るような存在だったのだろうか。そのへんについては全く判らない。

浪華パンションの部屋の構造を見ると、和室と洋室が連続していて、その洋室の一部にキッチンが備えられている。こうした配置は、道修町の弁慶や梅村の家や、五十鈴の家と比べてみると、その違いは歴然としている。長谷川堯は、近代住宅の基本的なプランは、ル・コルビュジェのいう「自由なプラン」や、ミース・ファン・デル・ローエがいう「ユニヴァーサル・スペース」といった、仕切りの少ない連続的な内部空間であった、と述べているが（『村野藤吾の建築　昭和・戦前』鹿島出版会、2011年、563ページ）、それは浪華パンションにおいて実現しているといえよう。

このように大阪パンションをモデルにして浪華パンションの内部のセットが作られたわけだが、『浪華悲歌』の装置担当者は松竹大谷図書館に所蔵されている内務省検閲認可台本によると、久光五郎、木川義人《きかわよしひと》、岸中勇次郎となっている。あとの二人が助手であろうか。久光は、『浪華悲歌』以前には川手二郎監督の『福寿草（サウンド版）』（1935年3月）、高島達之助監督の『お嬢お吉』（1935年8月）、寺門静吉監督の『父帰る母の心』（1935年10月）、溝口の『虞美人草』［西七郎・斎藤権四郎と共同、クレジット順は二番目］（1935年10月）の美術・装置を担当している（ちなみに溝口の『折鶴お千』の装置は小栗美二、『マリヤのお雪』と『虞美人草』は西七郎である）。彼等があのモダンな浪華パンションの内部のデザインを考案したのだろうか。

ところで浪華パンションについてはもう一つ問題が残っている。それは惣之助が意気揚々と黒い高級車で乗り付ける車寄せである。これはどうも大阪パンションの車寄せではないようなのだ。そこで大阪パンションの設計者である村野藤吾の他の建築について調べていくとドイツ文化研究所の玄関・車寄せの写真が浪華パンションのそれにそっくりであることに気付いたのだが、そう確定していいかどうか自信がなかったところ、2011年に出版された長谷川堯著『村野藤吾の建築　昭和・戦前』の387ページに次のような記述があって、専門家のお墨付きを得たことになる。

「キャバレー赤玉」の塔を中心とした夜景は、溝口健二の戦前の代表作の一本である、『浪華悲歌《なにわエレジー》』の冒頭のシーンにも登場し、若き山田五十鈴が演じる男社会の中で自立しようともがき続ける、意欲的な女の生きざまを、溝口がそこに象徴させようとしていたのでは、ともいわれている。なお、溝口はよほどこの時期の村野作品を気に入っていたと思え、この他にも「そごう百貨店」の二階の喫茶室で山田五十鈴がデートするシーンや、「ドイツ文化研究所」の玄関ポーチが、彼女の住むマンションの車寄せとして突然登場したりして驚かされる。

「ドイツ文化研究所」は1934年に京都帝大の向かい側に作られ、「音楽会や映画会、講演会などが盛んに行われた」(『村野藤吾建築設計図展カタログ4』京都工芸繊維大学　美術工芸資料館　村野藤吾の設計研究会、2002年、120ページ)という。そのドイツ文化研究所の車寄せが浪華パンションの車寄せとして登場するシーンはシナリオでは次のようになっている。

41　浪華パンションの表玄関
空に真白い雲が浮いてゐる。自動車が入つて惣之助降りる。運転手に
「ええな、奥さんに内緒やで……茶でも呑んでいき」
紙幣を握らせる。

(『溝口健二作品シナリオ集』31ページ)

映画ではここは二つのショットに分かれていて、最初のショットはドイツ文化研究所の玄

関・車寄せの全景が、画面上半分に空を配してロングショットでとらえられているが、ここに映されている車寄せの屋根について長谷川堯は、「魅力的」で「いかにも村野のデザインらしく味のある」ものと高く評価して（同右、552〜553ページ）、さらに次のように指摘する。

わずか一本の、しかも断面をやや扁平にして、真横から接近する者にはかなり細く見える独立柱が一本立つだけで、これに伝統的な棟形を装った棟桁との控えめに見える構造的なエレメントによって、かなり大きな屋根の下を、広々として機能的な車寄のスペースとして造り出すと同時に、訪れる人たちに車寄の屋根がいつも与え続けてきた、重くのしかかるような感じから救って

ドイツ文化研究所の車寄せ
（『村野藤吾のデザイン・エッセンス7』）

いる。いい換えれば、やって来るものを〝脅し〟にかかるかのような威圧的印象から、車寄そのものを、救い出すことに村野は成功したのである。

（同右、554ページ）

手前から黒い自動車がフレーム・インして車寄せで止まる。運転手と惣之助が車から降りる。ここで画面が変わって次のショットでは手前左に自動車の一部が大きく映され、その向こうに惣之助が運転手に「奥さんに内緒やで」と金を握らせる。この二人の奥に縦格子の武者窓が大きく見えているのに注目したい。ドイツ文化研究所の武者窓については後の「二章三」でもう一度取りあげるが、溝口がこの武者窓を大きくとらえたのは偶然ではない。それは次のシーン、すなわち惣之助が浪華パンションの中に入っていき、そこに腰掛けている若い女性（パンションの利用者であろう）に会釈するシーンを見れば判るのだ。この内部の空間はセットであろうが、惣之助の入ってきた入口付近のインテリアで最も眼につくのは、ドイツ文化研究所の車寄せのところにあった武者窓と同じような縦格子の窓なのだ。この縦格子の窓は画面中央奥の最も目立つところに配置されており、明らかに前のショットの車寄せの武者窓に対応させて描かれている。ドイツ文化研究所の一階クラブ室にはこれとよく似た縦格子の窓があり、セットのインテリアはこれを参考にしているのかも知れない。

ドイツ文化研究所の車寄せのところにある武者窓とモルタル掻き落としの壁面の組み合わせ

ドイツ文化研究所車寄せの武者窓（独立柱の左側）
（『建築と社会』1935年１月号）

ドイツ文化研究所のクラブ室
（『建築と社会』1935年１月号）

について長谷川堯は、

見方によっては《構成派》の画家、たとえばマーレヴィッチなどの抽象絵画のようにも見えて、村野のデザイン力をこうした細部にも端なくも示して印象的である。

（『村野藤吾の建築　昭和・戦前』555ページ）

と興味深いことを述べている。というのは私は溝口の『慈悲心鳥』（1927年）のプリント断片を見た時に、その画面の空間構成にマレーヴィッチを感じたことがあるからである。ところで大阪パンション、そしてドイツ文化研究所を設計した建築家村野藤吾は、心斎橋のそごう本店や道頓堀のキャバレー・アカダマを設計した人でもある。『浪華悲歌』に「引用」された四つの建物がすべて村野の設計したものだというのは偶然とは思えない。溝口は村野の設計した建築に関心を持っていて、大阪のモダンさの表現として『浪華悲歌』で意識的に「引用」したのであろう。しかし溝口と村野の関係について語る資料は何もない。そのことをふまえた上で、では村野藤吾とはどのような建築家なのか。章を改めて述べてみたい。

第二章　村野藤吾

一、独立まで

村野藤吾は1891年に佐賀の唐津に生まれた。溝口よりも七つ年上である。1913年に早稲田大学の電気科に入学するが、やがて建築科に移る。そのころ日本に伝えられたウィーン分離派（ゼツェッション）の考えに共鳴していた村野は、ルネッサンス式と指定されていた製図の課題を無視してゼツェッション風に仕上げたために、主任教授の佐藤功一は彼の後を無言で通りすぎて講評を加えなかったという（長谷川堯「解説―村野藤吾の〈現在主義〉について―」『村野藤吾作品集2　1964→1974』新建築社、1984年、231ページ）。

ヨーロッパの建築の歴史様式は基本的にクラシック系（ギリシャ、ローマ、ルネッサンス、バロック、ロココ）とゴシック系（ロマネスク、ゴシック、ヴィクトリアンゴシック）に大別される。これらはそれぞれ異なる一定のルールを持ち、そのルールの枠のなかで少しずつ変化しながら十九世紀へと至ったのだが、十九世紀末にこうした歴史様式（歴史主義）を範としない全く新しい造形が誕生する。植物をモチーフとした曲線的なデザインをもつアール・ヌーヴォーがそれである。ここから伝統的な歴史様式（歴史主義）と訣別したモダンデザインが出発するのである。学生時代の村野が傾倒したゼツェッションはこのアール・ヌーヴォーの一つとして知られるが、その過剰な装飾性を排除する方向に一歩ふみだしている。ヨーロッパで実際にこれらの新しい建築の動きを見てきた武田五一は、オルブリヒの設計したゼツェッション館について、「極めて奇抜なるものにして、大に古典派建築家の胆を奪へり。構造は粗雑なるものなれども形状には極めて新意匠を発揮せる所あり。其壁面に於ける彫刻、屋上の黄金色の葉群等は、実に破天荒の意匠なりしなり」（「世界における建築界の新機運」『建築世界』6巻4号・5号、1912年。『神殿か獄舎か』相模書房、1972年より引用）と紹介している。

ゼツェッション館

（『西洋建築様式史』美術出版社　1995年）

アール・ヌーヴォーによって先鞭をつけられた建築のモダンデザインへの動きは1910

年代になって活発化したが、その流れは大きく二つに分けることができる。一つは主観的なイメージをもとに有機的なデザインを行う流れで、オランダのアムステルダム派やドイツの表現主義がそれにあたる。ブルーノ・タウトのガラスの家（１９１４年）やエーリッヒ・メンデルゾーンのアインシュタイン塔（１９２１年）が代表的な作品であるが、表現派の流れは１９２０年代末には姿を消していく。そしてもう一つは、幾何学的なデザインを行う抽象主義の流れで、これがその後のモダンデザインの主流となっていく。その先陣を切ったのがデ・スティルである。１９１７年にオランダで創刊された雑誌『デ・スティル（様式）』に拠った画家モンドリアンらが中心となって行った芸術運動で、単純な方形と原色だけを用いた抽象的な造形をめざした。建築ではヤコブ・アウトのカフェ・デ・ユニ（１９２５年）やヘリット・リートフェルトのシュレーダー邸（１９２４年）があるが、シュレーダー邸のように直方体と長方形で構成し、白で仕上げるという幾何学性はロシア革命後のロシア構成主義にも通じるものであった。そしてこれらの抽象主義的な流れが変質・融合して、１９２０年代後半から30年代にかけて一つになりインターナショナル・スタイルまたはモダニズムと呼ばれる流れに行き着いた。その代表的なものとしてまずドイツのワルター・グロピウスのバウハウス校舎（１９２６年）をあげることができる。これはデ・スティルのように壁面に凹凸をつけることをやめ、白い壁と透明なガラスからなる箱になっている。フランスのル・コルビュジェのサヴォア邸（１９３０年）も白い箱を基本にしているが、ピロティ（高床柱）で建物全体を持ち

ガラスの家

(『日本の近代建築〈下〉』岩波新書　1993年)

アインシュタイン塔

(『西洋建築様式史』)

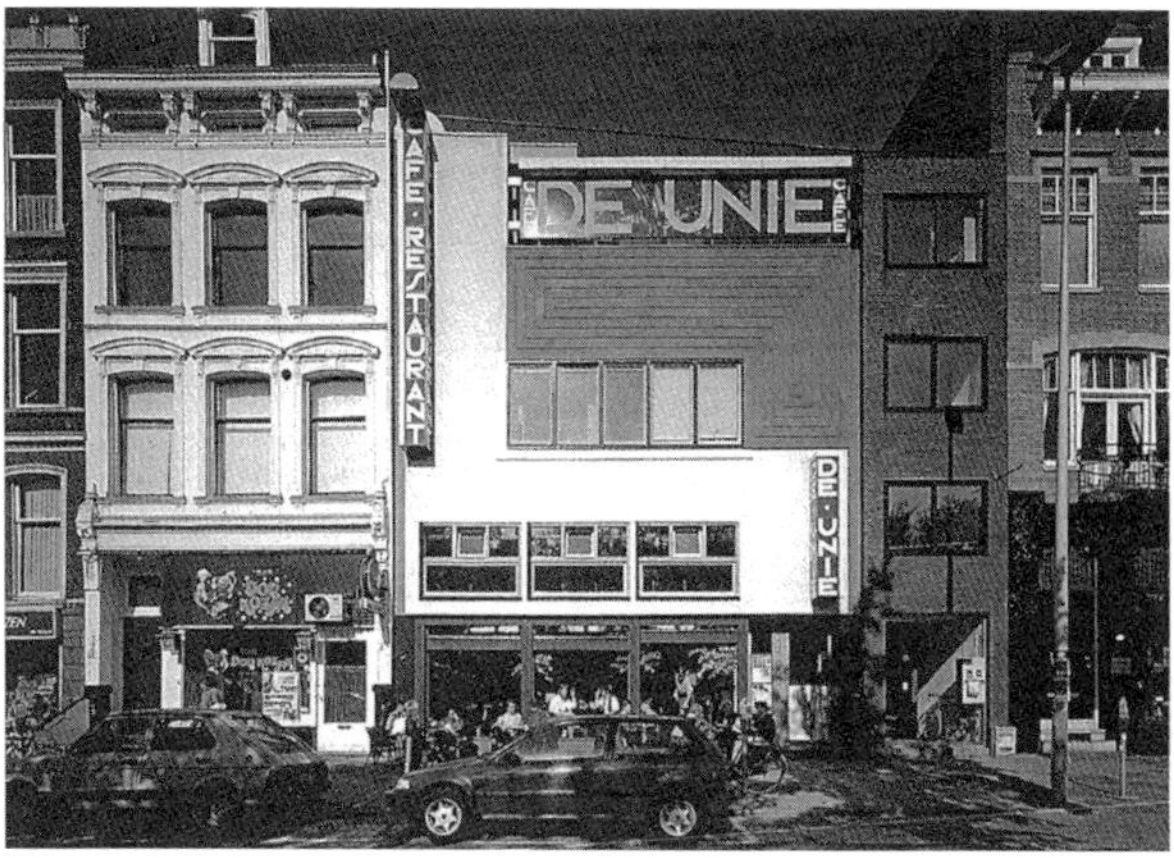

カフェ・デ・ユニ
（『西洋建築様式史』）

シュレーダー邸
（『西洋建築様式史』）

バウハウス校舎

(『西洋建築様式史』)

サヴォア邸

(『西洋建築様式史』)

上げ、水平連続窓、屋上テラスを使っているという新しさがあった。そして抽象性の究極ともいうべきものがミース・ファン・デル・ローエのバルセロナ・パヴィリオン（1929年）であった。ここでは箱も白い壁もなくなり、ガランとした空間にガラスの仕切りを立てただけのような造形となっているのである。ここまできて近代的な技術革新を基礎に機能主義を唱えたインターナショナル・スタイルは行きつくところまで行きついたといえよう（以上、藤森照信『日本の近代建築〈上〉〈下〉』岩波新書、1993年と『西洋建築様式史』美術出版社、1995年を参照した）。

二十世紀ヨーロッパ建築界のこの革命的な動きはなぜ起こったのか。藤森照信はこう説明している。

一八世紀後半、産業革命によって科学と技術の時代の口火が切られ、歴史と文化に依拠する歴

バルセロナ・パヴィリオン
（『西洋建築様式史』）

史主義の空洞化が始まる。空洞化を肌で感じた一九世紀の建築家たちは、なんとか内実を回復しようと、忘れられていたゴシック、ギリシアといった過去のリヴァイヴァルに努め、また東方をはじめ異国のスタイルを手当りしだいに取り込んだ。様式のおもちゃ箱をひっくりかえしたような一九世紀の状況はこうして生れた。しかし結局どこにも空洞化を埋めるネタは見つからなかった。そして世紀末、ついに行き詰った建築家たちは、過去や異国といった外に救いを求めることをやめ、自分の内側を見つめはじめ、人間の感受性そのものの中を掘りはじめた。そして最初に見えたのが植物的な感覚の層で、以下、自然界をたどるように、鉱物感覚の層、数学感覚の層、と掘り進んで底を打った。アールヌーヴォーにはじまりミースに終ったのは、おそらくそういうことだった。

(『日本の近代建築〈下〉』163〜164ページ)

ヨーロッパ建築界における歴史様式否定の動きはすぐに日本にも影響を与えた。その先駆となったのは後藤慶二(1883〜1919)であった。彼はこう書いている。

建築家は混沌たる宇宙の大本の中に其意志を感じ、そこに第二の自然を創造して人間に提供し、人間の住むに適した世界を創造する使命を有するのです、

(「過去とも将来とも付かぬ対話」『建築』1916年7月号。引用は『後藤慶二氏遺稿』

私家版、１９２５年、１１４ページ）

偉大なる自然の力を感得し不可思議なる人間の生を洞観して知識と理解との上に営まれる真の生活の内に自己を拡充し、自己の本性より生れる法則によつて、自律的に我々の知識と感覚と才能をもはたらかし、覚醒的の思想と精神とによつて建築がなされるときが真建築の生れる時です、愛人のやうに人間の生活をピタリと抱擁し、神のやうに人間を幸福にする、さうして生々した、人間的なほんとの建築がその時生れます。

（同右、１１８ページ）

こう考えた後藤が表現主義に共鳴したのは当然だったろう。この後藤の文の横にたとえばアドルフ・ベーネの次の文を置いてみればその共通性が納得される。

表現派の絵は、ひとつの生きた宇宙であり、したがって宇宙的なすべてのもののなかに深くはいりこんでおり、世界の普遍的な運動に関与しています。ですからそのフォルムは、硬直しないで、流動的です。フォルムはできあがったものとして私に与えられるのではなく、それは生成しながらできてくるのです。

（「ドイツ表現派」『シュトゥルム』１９１４年12月号。引用は『ドイツ表現主義５』河出

書房新社、1972年、43〜44ページ）

後藤は1915年に豊多摩監獄を完成したが、この作品によって村野は建築への眼を開かれたという（『日本の近代建築〈下〉』196ページ）。その後藤が1916〜1917年にかけて内藤多仲がアメリカ留学した時に、後任の講師として早稲田の建築科に呼ばれた。

そしてそこで若き村野藤吾や今井兼次が、深い薫陶をうけた。今日から考えればこのことがこれらの人たちにほとんど運命的な幸運であったとさえいえるのではなかろうか。

こう長谷川堯は『神殿か獄舎か』（相模書房、1972年、30ページ）に書いている。村野自

豊多摩監獄

（『日本の近代建築〈下〉』）

身も晩年になってこう述懐している。

学生時代、私が大学2年くらいの頃だったか、ちょうど内藤多仲先生が満州《ママ》に行かれていた1年間ですが、後藤先生の授業を受けることになりました。そのとき先生の作品を見せていただいて、非常に印象に残ったのは豊多摩監獄なんです。／なかでも監獄にある教誨堂の部屋が強く印象に残っています。その部屋は徹底して合理化した単純な構成ですが、天井の表わされたキングトラスのディテールが非常に美しい。（略）教誨堂という寒々とした部屋に囚人が入ってくる。そこで説教を受けるんですね。そこは空気は冷たいけれども、親しいスケールとディテールに満たされている。ディテールが全体を支配しているんです。豊多摩監獄の建築で感じた〈ディテールを通して建築全体に影響力を与えていく〉ということを、今でも私は自分の仕事の中で、どうしたら後藤先生まで行けるか考えています。

（「私の建築印象・豊多摩監獄」『新建築』１９８３年3月号）

伝統的な歴史様式に反発していた青年村野藤吾は日本における表現主義建築の先駆となった豊多摩監獄に接して、建築におけるディテールの大切さを学んでいく。と同時に村野が後藤から受けついだものは（村野は具体的に何も書いてはいないが）後藤の次のような考え方であったと思われる。

法則を外部に取つて他から律せられやうとする間は撞着から到底脱することは出来ません、(略)この欠陥は法則を他から求めて自己を律しやうとするところから起るので、之を超脱しやうとならば自己の内に法則を見出さなければなりません、

(「過去とも将来とも付かぬ対話」117ページ)

後にふれることがあるだろうが、村野が過去の歴史様式＝「法則」だけでなく、最新のモダンスタイル＝「法則」に対しても、それをうのみにしなかったのは、後藤のこの精神を学んで自分のものにしていたからだったと思える。

さらに村野はこの大学時代に三人の師から大正デモクラシーのヒューマニズムの精神をつかみとっていく。一人はキリスト教社会主義者の安部磯雄の教える態度から本当の自由というものを学び、佐藤功一のルネサンスの講義からヒューマニズムを学んでいく(「設計態度」『近代建築』1964年1月号。引用は『村野藤吾著作集』同朋舎出版、1991年、による)。そしてもう一人の師が今和次郎(1888〜1973)である。溝口の『無銭不戦《ウチエンプチャン》』(1924年製作、1925年封切)の美術を担当した吉田謙吉の師でもあり、「考現学」の創始者でもあった、あの今和次郎である。今と吉田の「考現学」調査第二弾「本所深川貧民窟付近風

俗採集」は『婦人公論』１９２５年12月号に掲載されたが（後に『モデルノロヂオ』春陽堂、１９３０年に所収）、それが溝口の１９２９年の傾向映画『都会交響楽』に影響を与えた可能性があると私は推測しているのだが、その今和次郎である。今は東京美術学校図按科を卒業後、佐藤功一に師事して早稲田大学建築学科助手となり、１９１４年から教員となっていた。村野より三つ年上にすぎなかった。村野の思い出を聞いてみよう。

私は早稲田のころよく夜分に今和次郎先生のところにお邪魔して、亡くなった山本拙郎君ほか数人の人達と、ウイリアム・アーチャーの〝アート・アンド・コンモンウィル〟という本を中心に研究会のようなことをしておりました。今でいうゼミというのでしょう。先生はそのころまだご結婚前で、ご母堂がいつも丸いボーロをだして下さる。輪読に疲れれば、それをほおばりながら、いろいろとまた雑談に花をさかせたりしたのです。この雑談がまた非常に楽しいものでした。だれしも経験することですが、25、６の青年時代には、何かしら人生に対して悩みのようなものをもつものなのですね。そのような時期に、私が先生のところにお邪魔できたのは、大変幸いなことだったたと今でも感謝しています。

（「想いだすことども」『新建築』１９６１年１月号）

ウイリアム・アーチャーは劇評家・劇作家で、イプセンの翻訳を行っているが、日本では小山内薫が彼の"Play Making"を翻案する形で『戯曲作法』（1918年）を書いており、アーチャーについてはしばしば言及している。小山内の作品『塵境』（1924年）を映画化した溝口がその頃、アーチャーについて勉強していたのも、小山内の影響があったのであろう（拙著『溝口健二・全作品解説2』近代文藝社、2002年、94〜102ページ）。村野が1910年代の後半に、今和次郎のところでアーチャーについて学んでいたというのは奇しき溝口との因縁だが、時代の同じような雰囲気の中に二人が存在していたことを示していよう。

話が横にそれたが、別のところで村野は、「今先生の指導、今先生の生活に触れたことが私にとって決定的な影響力を持ったと思います」（『建築をめぐる回想と思索』新建築社、1976年、64ページ）と語り、「建築における主知的なものから感性へ、現実を抽象のるつぼに入れて溶き、そこから自由を学びとること、これが学生の頃、今先生に感化された私流の受け取り方である。爾来五十有余年私の心を支えた精神構造の土台となり、また、先生に傾倒するゆえんでもある」（「機智と克明の今和次郎学」『今和次郎全集』ドメス出版、1971年、刊行パンフレット。引用は『村野藤吾著作集』による）と書いているが、村野が今和次郎から受けた影響についてもう少し具体的に見ておきたい。

ここに今和次郎が『建築雑誌』1917年7月号・10月号に発表した「都市改造の根本義」という論文がある。その7月号の文の最後に「茲に岡田信一郎先生の与へてくれた色々の指導に対し、又山本拙郎氏、村野藤吉氏及中村鎮氏の直接間接の援助を受けたことに対して感謝して置く」という謝辞があるから、学生時代の村野（「藤吉」というのは村野の本名である）がこの論文をまとめる上での手伝いをしたということだろう。長谷川堯は、「今氏の学会における処女論文として書かれたこの文章のプロローグは、あまりにもシンボリックにその後の今氏の建築学者としての仕事の特質をそこに予告している」（『都市廻廊』相模書房、1975年、231〜232ページ）とし、さらに次のように述べている。

> このプロローグで注目されるのは、原野から田園そして都市へ、という図式的な説明のなかで、今氏が無意識に明らかにしている独自な思惟の方法である。それは簡単にいえば、常に空間に身を晒しながら考えるという態度、もう少し正確にいえば常に空間を体現するというかたちにおいて環境を思惟するという一貫した方法であった。今氏の前にも都市論は皆無というわけではなかったけれど、それらは多くの場合都市を即物的な存在として考え（略）上から政治経済的操作の対象として論ずるものがほとんどだったのである。そのような理論や学問をとらえて、今氏は「霊的な事に関係して居ない」と厳しい。つまり環境がそこに棲み込もうとする人間の内面と無関係でいられるはずがない、と彼は強調するのだ。その主張はちょうど同じころ後藤慶二が主張していた「官能」を重視しようとする態度とも交錯していたことを指摘しておきたい。
>
> （『都市廻廊』232〜233ページ）

村野が今からうけついだのはこの精神だった。村野は後にこう語っている。

人間にたいしてどういう影響を与えるかということをたえず私は考えております。たとえば非常に鋭い線を使っても、あるいはまた丸い線を使っても、なにかそのたたずまいからくる人間との交渉がどういうものであるかという、これは終始一貫して変わらない考えです。

（「設計態度」『近代建築』１９６４年1月号。引用は『村野藤吾著作集』による）

今和次郎が「考現学」において、部屋のなかでの物の配置からそこに暮らす人間の内面を想像していったように、村野は建築をそこに住む人間との関連において考えようとしている。こうした村野の考えを長谷川堯は次のように表現している。

建築は単にものの空洞ではない。そのものと機能をおびた空間は、それを使う者たちの前に現前することによって彼らの内面へとたちあらわれる。彼らの精神性にかかわりを持つものとして建築になるのだ。

（「解説―村野藤吾の〈現在主義〉について―」『村野藤吾作品集２　１９６４→１９７４』新建築社、１９８４年、２３５〜２３６ページ）

村野は1918年に大学を卒業し、大阪の渡辺節建築事務所に入所する。そして翌1919年の『日本建築協会雑誌』（5〜8月号）に「様式の上にあれ」を発表する（後に『村野藤吾著作集』に所収）。ここで村野が、現代建築に残された道は科学をヒューマナイズすることである、と述べているのはけだし当然のことであったろうが、その冒頭に「様式に関する一切の因襲から超然たれ！（略）自分自からの思惟の発達と、観念のモーラリゼーションに自からの自由意志に拠れ！」と書いたのは、前に引用した後藤慶二の文に通ずるものがあると同時に、翌1920年の「我々は起つ。過去建築圏より分離し、総ての建築をして真に意義あらしめる新建築圏を創造せんがために」という分離派建築会の宣言に先駆けるものでもあった。

分離派建築会は帝大建築学科を卒業した堀口捨己・山田守・石本喜久治・滝沢真弓・森田慶一・矢田茂が結成したもので、その宣言は歴史主義を否定し、新しい建築へと向かっていこうとする革命的なものであった。1920年というと美術界では未来派美術協会が生まれた年であり、映画界では従来の舞台模倣・女形使用の活動写真ではなく、外国映画のように映画的テクニックを使い女優を使った映画を創ろうとした松竹キネマと大正活映が生まれた年である。古い殻を脱ぎ捨てて新しいものを創りだそうとする動きがあちこちの分野でうごめき始めていたのである。溝口が映画界に入ったのもこの年であった。

分離派建築会の結成をきっかけに日本でも表現主義的な作品が次々につくられていった。平和記念東京博覧会の塔（1921年、堀口捨己）、西陣電話局（1921年、岩元禄）、山田郵便局電話分室（1923年、吉田鉄郎）、帝国ホテル（同、フランク・ロイド・ライト）、早大図書館（1925年、今井兼次）、楽友会館（同、森田慶一）、安田講堂（同、岸田日出刀）、紫烟荘（1926年、堀口捨己）、東京中央電信局（1927年、山田守）、朝日新聞社（同、石本喜久治）、白木屋百貨店（1928年、同）、小菅監獄（1930年、蒲原重雄）。だが分離派をはじめ表現主義を推進した日本の建築家たちは、1928～1929年を境に皆、デ・スティルを経てインターナショナルスタイルの方へと転身していく（『日本の近代建築〈下〉』193ページ）。

村野が渡辺節建築事務所にいた十年余りのあいだにこれだけの変化が建築界におこっていた。だが分離派に先んじて「様式に関する一切の因襲から超然たれ！」と書いた村野は、分離派が歴史様式から離脱した新しい作品を華やかに発表しているのに対し、

平和記念東京博覧会の塔
（『日本の近代建築〈下〉』）

帝国ホテル

(『日本の近代建築〈下〉』)

紫烟荘

(『日本の近代建築〈下〉』)

東京中央電信局

(『日本の近代建築〈下〉』)

小菅監獄

(『日本の近代建築〈下〉』)

一向に新しい流れのなかに顔を出してはこなかった。後に村野が「そのころの渡辺先生は、様式的なもの以外自由な傾向のものとなると決してお許しにならなかったんですね」（『建築夜話』日刊建設通信社、1962年、208ページ）と語っているように、村野が渡辺節のもとで学んでいたのは歴史様式そのものだったのである。学生時代に歴史様式に反発していた村野がとまどったことは十分想像できることだ。村野はその当時のことをこう述懐している。

とにかく仕事ではまったく厳しかった。私が学校を出たときは一六貫ありましたがそれが一三貫八〇〇に減ってしまった。最初の三年間くらいは渡辺事務所をいつ出ようかいつ出ようかと思っていました。

（「渡辺事務所における修業時代」『建築家渡辺節』1969年。引用は『村野藤吾著作集』による）

1921年には大学OB会に出席したらしく、その会誌に次のようなことを書いている。

製図場にかかげてあった学生時代の私の作物などを見ると、わずか二年か三年ですが、その時代とひどくかけはなれたいまの私の生活を悲しむ気持ちが湧いて出ます。フレッシュな、真純な一本調子でしたいことをしたり、いいたいことをいったりした学生時代が、複雑ないまの私の生活からかけ離れて、とてもとどかぬことのようにも思われます。（略）なつかしい俺の作物よ!!（略）新しい俺の弟たちに／お前は俺のその頃の心を伝えてくれたね……／だけどその間に俺は何をしたか？／働いた　働いたあくせく働いた／そしてどうした……

（「俺の作物よ!!」『早苗会』1921年5月号。引用は『村野藤吾著作集』による）

分離派建築会の制作展は1920年7月の第一回以後、1928年の第七回展まで続くが、1924年5月には大阪の三越で制作展を開いている。村野はそれを見にいったのだろうか。右の文にはそうした新しい建築界の動向と無縁な場所で働いている自分への焦燥感が痛いほどに感じられる。だから藤森照信が、この頃の村野の心境について次のように推測しているのは宜なるかな、と思わせる。

肝心な一九二〇年代の十年間、村野はヨーロッパの動向についての文を残していない。理由は簡単で、写真で知った実物をわが目で見るチャンスがなかったからである。／一方、分離派の面々は、〝分離派宣言〟の勢いそのままにヨーロッパにとび出し、実物を見聞し、建築家を訪れ、次々にまき起こってくる新しいデザインの熱気に身をひたし、そして帰国後、雑誌と本を使っておうせいな言論活動を繰り広げる。もちろん、作品も作ってゆく。

／村野は口惜しかったにちがいない。反歴史様式宣言では分離派に一歩先んじたのに、では何を作るのかという一番肝心なところで発言できず、遅れをとった。それも、自分は大阪の渡辺節事務所の所員で自由に海外に出ることができず、そのうえ渡辺が歴史様式主義の権化である、という不運からの遅れである。／この時期の村野について、渡辺から歴史様式のハード・トレーニングを受けたことをもってよかったとする評価もありうるし、村野自身も後にそのようにふり返ってもいるが、しかしそれは当時の村野の気持ちに即していえばおそらく正しくない。じっと雑誌の写真を見つめるしかなかった毎日なのである。

（「解説」『村野藤吾著作集』同朋舎出版、１９９１年、８２２〜８２３ページ）

ところがその村野に転機が訪れた。１９２１年にアメリカに派遣されて、その頃アメリカで主流をなしていたアメリカンボザール（アメリカンルネッサンス）と呼ばれる様式を学んで帰ってきたのだが、この体験が村野に思考転換をもたらす決定的な契機になったというのが長谷川堯の見解である。

村野がその時目撃したアメリカの現代建築が、《様式》を身にまといながらも、黴臭い陰鬱さはなくむしろ逆に快活で、ある意味であっけらかんとした風情ながら、現代社会のなかでしなやかに着実に生きている姿は、村野にとって日本にいる時には、ある程度想像することはできても、自分自身の肌で実感することは容易にはできないものであったに違いない。／ヨーロッパに比べれば歴史も浅いアメリカの大都市の中で村野は、《様式》がすでに〈過去〉のものになった状態ではなく、〈現在〉のものとして扱われ、また〈未来〉へも繋がるものとして理解され利用されていることを発見し、その有効性を自分の体の奥で確認したのだ。

（『村野藤吾の建築　昭和・戦前』鹿島出版会、２０１１年、58〜59ページ）

こうして村野は学生時代のように様式を拒絶するのではなく、それに積極的に立ち向かっていき、様式の中で重要な部分を占める「装飾」にも正面から取り組んでいくようになった、という（同右、59ページ）。

これ以後村野は渡辺節設計の『大阪商船神戸支店』（１９２２年）、『日本興業銀行』（１９２３年）、『大阪ビルヂング東京分館第一号館』（１９２７年）、『日本勧業銀行』（１９２９年）、『綿業会館』（１９３１年）といった作品のヘッド・ドラフトマンとしてデザインを指揮していくことになる。渡辺のこれらの作品は「細部から全体構成まで歴史主義の基本をしっかり踏まえた上で、アメリカならではの大きさ、伸びやかさと、渡辺らしいち密な細部意匠を合わせ持」ったものであった（『日本の近代建築〈下〉』69ページ）。

この頃のことについて村野は後年こう語っている。

学校を出まして渡辺（節）先生のところへきて実際に仕事をするにあたって「売れる図面を引け」といわれたんです。これは卑俗的な言葉ですけれども、現実的な、世の中の動きというものをとらえた、ひとつの考え方だと私は思っています。はじめは様式なんかやるのはつまらんと否定的だったけれども、実際に世に出てくると様式というものの当時の社会における重要さをつくづく知らされましたね。様式はアメリカ風な実用的なものでした。様式風なものでないと世の中には通らないからそれをやれということで、はじめはいやいやながらやっていましたけれども、やってゆくうちに興味が出てき

日本興業銀行
（『日本の近代建築〈下〉』）

たのです。様式のなかにかくされていた陰影だとか線だとかそれからプロポーションだとか、そういうものの美しさに興味をもちはじめたのです。しかし、様式だけから出発した人は今はほとんどそのまま枯れていってしまいましたね。やはり学生時代に反抗し、その後様式を学び、また現代にかえってきたということが、私には非常にプラスになっていると思います。

（「人とふれあう建築」『新建築』1966年5月号）

村野のこの思考転換について、堀川勉は次のように述べている。

村野の建築への出発は周知のように「様式の上にあれ」（一九一九・五）であり、そこですでに様式否定が語られているが、それと同時に芸術への崇拝と献身は、青年時代特有の熱烈な調子で述べられている。村野はこの時期にあってては明らかにロマンティストであった。ところがその後数年を経て「建築の経済的環境」（一九二六・一）で、はやくもロマンティシズムと手を切るのである。ここでは、資本主義社会の冷酷な市場で生きてゆかないわけにゆかない一人の建築家が登場してくる。この論文の内容は建築生産（特にオフィスビルなど）の経済的側面についての考察であるが、そこには一片の芸術論議も見られず商品売買の基本知識と冷たい数字が並んでいるのみである。何という大きい変貌であることか。しかしこの論文の最初のわずか数行の中に驚くべき認識がさりげなく込められている。彼はいう。建築も「一個の商品」にすぎない。われわれは様式を作ることはありえない。「ただ同じ形式のもとで異なった『嗜好』を表現するのみ」と。／この七年間で彼がいかにみじめな思いを噛みしめたかをわれわれは充分想像することができる。村野が獲得したこの上なく苦い真実とは、建築も「一個の商品」であるということ。いい換えれば建築を作る真の主役は建築家ではなく、経済社会であるという認識である。そして同時に、われわれがもはや様式を作ることはできないという事実は、商品（＝建築）はフォルムと無縁であるということであり、さきほどの経済社会が主役であるという認識と重ね合わせるなら、われわれは前近代社会（＝中世的社会）から完全に離脱しているということ、いい換えれば建築が芸術でもあった時代と訣別し、われわれは様式（スタイル、フォルム）と再びめぐり合うこともないであろうし、建築が芸術であった時代を待ち望むことはナンセンスでしかないとするものである。建築がその全体像でもって芸術ではなくなった現代に、われわれに残されている行為は何か、ここで村野の不思議な人格が輝き始める。／（略）建築が「一個の商品」であっても、それにもかかわらず、建築デザインに関する芸術行為はありうるとするのである。それは何か。装飾することである。（略）彼は民間の一建築事務所での七年間の生活のなかで、装飾が売れるものであり、装飾しか高く売れないことを見抜いたのであった。建築芸術とはもはや様式（grand style）ではありえず装飾（マイナーアート）として生き残ってゆくのである。この社会が要求するものは装飾という商品とそれを生みだす魔法の腕であることを彼はひそかに確信するに至る。／村野はおそらく資本主義社会を自覚的に生き抜く日本で最初の芸術家に変容したのである。

（「四人の建築家の屈折点」『悲喜劇・一九三〇年代の建築と文化』現代企画室、１９８１年、１３８〜１４０ページ）

一方長谷川堯は、思考転換にもかかわらず村野には「様式の上にあれ」（１９１９年）を書いた時の村野と共通する重要な建築思想があったことを強調する。それは彼の「現在主義」という考えである。村野は「様式の上にあれ」でこう書いている。

私は厳格なるプレゼンチストである。現在に生の享楽を実感する現在主義者われらに、過去と未来の建築様式を与えんとすることは不必要である、むしろ罪悪である。（略）およそわれらにとりてもっとも必要なるものは、すべて完全なる今日である。これによりてわれらは生の満足を実感し、理想への躍進を生命づけられるのである。過去はすべて骨董であり、将来はすべて眩影にすぎない。ともに私にとりて、そは、感情の浪費であり、空虚なる必要にすぎない。

（引用は『村野藤吾著作集』13〜14ページによる）

この「プレゼンチスト＝現在主義者」の立場から村野は過去の様式に固執する「過去主義者」を否定するだけでなく、「未来主義者」をも否定したとして長谷川は次のように述べる。

村野の「現在主義」の宣言は、建築の歴史的過去への傾斜の批判のみに終らなかった。この部分が、同時代の、彼と同年輩の他の青年建築家の主張と一線を画す重要な点であったといえる。つまり村野は、「過去主義」を断罪すると同時に、返す刀で、「未来主義」をも危険な考えとして一蹴したのである。こうした考えは、１９２０年代の建築思想としては例外的なものであり、その意味でなおさら村野の「現在主義」の意味が、底光りのような輝きを放つのである。

（「解説―村野藤吾の〈現在主義〉について―」『村野藤吾作品集２　１９６４↓１９７４』新建築社、１９８４年、２３１～２３２ページ）

そして長谷川は村野のこの「現在主義者」としての立場の表明に大きな影響を与えた人として有島武郎（１８７８～１９２３）の名をあげている。村野が逝去する４年前の１９８０年に、長谷川は村野から直接、次のような話を聞いたことを披露している。

私は、ところで「学生時代にどんな文学作品をお読みになりましたか」と尋ねたら、さらりと「有島武郎」の名前が挙げられ、有島のほとんどすべての作品を読んで、深く共鳴すると同時に、その思想に影響を受けたという答えが返ってきた。やや意表を衝く答えに、私は少し驚くとともに、やがて納得し、なぜかその答えを聞くことが、とても嬉しい出来事に思えたのを覚えている。

（長谷川堯「［解説］惜しみなく奪う、建築への愛」『村野藤吾作品集3　1975→1988』新建築社、1991年、256ページ）

そして長谷川は改めて有島の『惜みなく愛は奪ふ』を読んで次のような一節を発見してビックリすることになる。

センティメンタリズム、リアリズム、ロマンティシズム——この三つのイズムは、その何れかを抱く人の資質によつて決定せられる。或る人は過去に現はれたもの、若くは現はるべかりしものに対して愛着を繋ぐ。（略）さういふ見方によつて生きる人はセンティメンタリストだ。／また或る人は未来に現はれるもの、若しくは現はるべきものに対して憧憬を繋ぐ。（略）さういふ見方によつて生きる人はロマンティシストだ。／更に又或る人は現在に最上の価値をおく。（略）現在には過去に在るやうな美しいものはないかも知れない。又未来に夢見られるやうな輝かしいものはないかも知れない。然しこゝには具体的に把持さるべき私達自身の生活がある。全力を尽してそれを活きよう。さういふ見方によつて生きる人はリアリストだ。／第一の人は伝説に、第二の人は理想に、第三の人は人間に。

「もちろんここで有島は、自分が他でもなく『リアリスト』であり、あるいはあろうとしている選択を前提にして書いている」と長谷川は述べた上で、有島の「センティメンタリスト」「ロマンティシスト」「リアリスト」が村野の「過去主義者」「未来主義者」「現在主義者」に対応するとし、次のように述べる。

実はこうした観点からの論理の構築は、有島も、村野も、二人とも文中で明らかにしているように、大正初頭の日本の思想界で、たくさんの飜訳や解説書が出版されて一種のブームのようになっていたフランスの哲学者、アンリ・ベルグソンの考えを基礎にしていたこともはっきりしている。したがってここで私たちが最も注目すべき点は、有島にせよ村野にせよ、《表現者》としてものを作り、作品を創造する立場にある者として、ベルグソンを一つの手掛かりにしながら、その活動の足場を「未来」でも「過去」でもなく、唯一「現在」に置くしかない、という基本的選択という点で共通していたということなのである。つまり「人間」に、「私」自身に、すべての原点を一人の人間の実存に置く、という決意の表明にこそ歴史的な意味があったのだ。

（長谷川堯「［解説］惜しみなく奪う、建築への愛」『村野藤吾作品集3　1975→1988』267ページ）

しかしここで一つ問題がある。実は有島には二つの『惜（し）みなく愛は奪ふ』という評論があるのだ。つまり一つは『新潮』1917年6月号に掲載された『惜しみなく愛は奪ふ』であり、もう一つは1920年6月に叢文閣から刊行された『有島武郎著作集』第十一輯に収録された『惜みなく愛は奪ふ』である。後者は前者の文をふまえつつその十数倍の長さのものであり、長谷川が引用している「センティメンタリズム」云々で始まる部分は前者にはなく後者のみにある文なのだ。長谷川は有島の前者の文を大学時代に読んだ村野がその影響で「様式の上にあれ」の現在主義者の論を構築したように書いているが（『村野藤吾の建築　昭和・戦前』819〜823ページ）、その点は訂正しなければならない。ただ村野や有島の背後に共通する思想（ベルグソンなどの）があったという長谷川の論は生きている。そして村野に対する次のような包括的な評価もまた。

以上のような「プレゼンチスト」、もしくは「リアリスト」、としての判断や行動は、1920年代から、実に1980年代における彼の死のその瞬間まで、つまり設計者として活動を続けた60数年の間、戦前から戦後を通じて、一貫して彼の身体のなかで変わることなく持続され、その時々の事態に適用されたのだ。これが、村野の建築家としての行動と、彼の作品を、日本近代の建築史のなかで、特別に光彩を放つものにしている、最大の理由であり、（略）村野が90歳をすぎてもなお、みずみずしい生気に満ちた作品を世に問うことができた真の理由でもあったのだ。

（長谷川堯「［解説］惜しみなく奪う、建築への愛」『村野藤吾作品集3　1975↓1988』新建築社、1991年、268〜269ページ）

ところで有島武郎とベルグソンというと思い出すのが、京都で1918年に創立されたエラン・ヴィタール小劇場のことである。この母胎は同志社大学生であり、その名前でわかるように彼等はベルグソンの愛好者であった。そして有島武郎は相談役として熱心にこの劇団を後援した（松本克平『日本新劇史』筑摩書房、1966年、612〜632ページ）。このエラン・ヴィタール小劇場が溝口健二とも無関係でないのだが、それについては「第三章　村野藤吾と溝口健二」の「三、溝口にとって『ヒューマニズム』とは？『人間』とは？」で触れることにする。

二、独立そして洋行

１９２９年、村野は渡辺節建築事務所を退所して独立し、村野建築事務所を開設する。この時の心境について後に村野はこう語っている。

いろいろな社会情勢がだんだんに変わり、それにつれて建築にたいする世の中の要請も変わってきます。様式的なものではこなせない条件が出てくる。そこで私は長いあいだいるうちに上の人がしだいにやめて責任ある立場にいただけに、非常に困った立場になってきた。先生の方針と世の中の要請とにはさまれて、ジレンマを感じはじめたわけですね。／と同時に（略）こちらもそろそろ世界的な影響を受けてきます。バウハウスやコルビュジェが盛んにいわれ出したころですからね。それにもともと自分も、学生時代はそれに近いことをやっていたわけですから。／その二つで、おれはもうこのあたりで、ここの生命は終わりだな、このままでは先生にもいけない、自分にもマイナスになる。おれはもうここにはいないほうがよい……と悩んだあげく、非常に恩顧を受けた先生ですが、どうしても事務所を出ることになったのです。

（「わたくしの建築観」『建築年鑑』美術出版社、１９６５年。引用は『村野藤吾著作集』による）

すでに独立前の1928年頃から渡辺節の内諾をえて、森五商店などの設計を始めていたということだが（長谷川堯「[解説] 惜しみなく奪う、建築への愛」『村野藤吾作品集3 1975→1988』269ページ）、独立後、大阪のそごうからの依頼もあった。『株式会社そごう社史』は、1930年3月10日、「そごうは本店新店舗の設計者に、当時新進の建築家村野藤吾を決定し、その設計に大きな期待をかけることになった」（213ページ）と記している。そしてこの年に村野はヨーロッパ、アメリカを巡る旅に出る。この旅の目的について後に村野はこう語っている。

そごう百貨店の基本設計を終えて欧米の百貨店を見に行くことになったのですが、実際はロシアへ行くのが私の真の目的でした。そのころ日本ではプロレタリア文学やプロレタリア思想が渦を巻いていて、建築界にもラジカルな思想が流れていました。そういう中で私は、いったいリアリズムの建築とはどういうものか、どう考えたらよいかと思いをめぐらしました。いまから考えれば少しおかしなことですが、リアリズムの思想を建築に移してみたら、実際どういうものなのか、矢も盾もたまらぬ気持で、まずロシアへ行ったらさだめし本物が見られるだろうという考えでした。それに関連したことですが、その当時の日本の電車の女車掌の服装に非常に心を魅かれていました。車掌というのは、プロレタリアートですね。いまでも覚えていますが、ブルーがかった灰色の非常にシンプルで清潔な服装で、これがリアリズムの美しさだなというようなことを考えたりしたこともありました。

（佐々木宏編『近代建築の目撃者』新建築社、1977年、223〜224ページ）

溝口が傾向映画『都会交響楽』を作ったのが前年の1929年であり、後に村野と若干の関係をもつ（それについては後述する）ブルーノ・タウトが「社会主義的計画は資本主義下の西欧の建築家たちが一度としてあえて夢見なかったような建築的アンサンブルの可能性を与えている」と述べたのも同じ年であった（『ブルーノ・タウト 1880−1938』トレヴィル、1994年、252ページ）。それをもって時代の雰囲気を知ることができるだろう。まずソヴィエトに入った村野はロシア構成主義のタトリンに会って、彼の第三インターナショナル記念塔のパンフレットにサインしたものを贈られた。そしてヴェスニン兄弟のモスクワ百貨店（1927年）を始めとしてソヴィエトの新しい建築を見てまわるが、得た感想は次のようなものであった。

ソビエツトが、将来如何なる建築文化を打ち建てんとしつゝあるか、其の、活気ある新興文化の躍進的歩度を想像することが出来るとしても、現実に見たところのものは（略）総て、過渡的の作品として、さして、見うる可きものも割合に少なく、表現に於ても、設備に於ても、又、細部の取扱ひに於ても、ブルジョアレアリズム的作品と何と選《(ママ)》ぶところもなく、又、此の意味では、かなりの欠陥を有するものと断ぜざるを得ない。

（武羅野淘語「動きつゝ見る」『建築と社会』1931年1月号）

この合理主義は、つきつめていくと、百貨店としては少し危険ではないかと思った。私はモスクワでベスニーン作の百貨店の建築を見たことがある。単純そのものといったような作風は、そのころのロシアの建築の代表的なものの一つであった。それは百貨店というよりも配給所の概念に近く、一九三〇年のころだから革命につかれた人たちは、そのなかで暗い顔をしていた。

（「建築家十話」『毎日新聞』1964年3月27日）

日本の百貨店もひところとは変わってきたし、戦後は建築もそうだが、内容自体が目立って変化しているようである。それは戦後における経済構造の影響にもよると思うが、大衆生活の変化が大きく作用している結果であると思う。ひとくちにいって合理化の方向をたどって専門店風に高級化するもの、合理的な経営を反映して大衆に徹するもの、その中間をねらうものなど国状や店風や地相などによって建物の様子も異なることはもちろんである。しかしあまり合理一辺倒では建物は栄養不良の秀才のように血の気のない骸骨になっ

タトリンのサイン

（『建築と社会』1931年１月号）

モスクワ百貨店

（『近代建築の目撃者』新建築社　1977年）

て親しみにくくもなり、人間味もアソビも取り去られて、市場のような百貨店になるおそれがある。かつてのモスクワにおけるベスニーン作、革命初期の百貨店を見たときのことを思い出す。

（「百貨店・丸栄」『建築雑誌』１９５４年7月号、引用は『村野藤吾著作集』による）

ドイツではインターナショナル・スタイルの代表作といわれるグロピウスのバウハウス校舎を見るが、これにもまた失望する。

デッソウの郊外に何の必要があつてあんな建物を建てたか、多少共実際の建築をやつた経験のある者なら直ぐ、気附であらうところの欠点が至るところにあるが、就中あの硝子——何の意味だかわからない様なあの窓硝子こそ様式建築が往々にして侵すところの欠陥とは将に反対の現象ではないか。

（「動きつゝ見る」）

そしてシュトゥットガルトではル・コルビュジェが１９２７年の住宅展覧会に出品した住宅を見たが、「あまり印象に残っていませんが、全体に白いという印象」がしたと後にふりかえっている（『近代建築の目撃者』２４１ページ）。このように村野は「ラジカルと称する建物にはどうも感心しなかった」（同右、２４０ページ）のだが、そのなかでバウハウスの二代目の校長（初代はグロピウス）となったハンネス・マイヤーが設計したベルナウ（ベルリン近郊）の労働組合学校こそ、真にバウハウス的なラジカルなものだと感じた。

バウハウスの存在を標すところの伝統的思想として何人もその社会主義的傾向を指すであらうが、而しながら其の作品の傾向は、今、グロピウス時代とマイヤーの時とを比較するに、其の間に非常な隔り、謂はゞ、次第にプロレタリアアートの芸術運動に、其の深度を加へつゝあることを感ずるのは、此の学校を見たゞけでもよく分ることであつた。

（「動きつゝ見る」）

ソヴィエトで得られなかった社会主義的な建築物の実際を村野はこの労働組合学校に見いだしたのだろう。続いて村野

労働組合学校

（『建築と社会』1931年１月号）

はその建物について説明していく。

露出した鉄骨に、赤、黄などの原色を塗るかと思へば、グラスブリックの壁を作り、惜げもなくプレートグラスを用ひるかと思へば、之れと接して鉄筋コンクリートの露出したはだを合せて、天井には滑かに塗つたプラスターの面に淡緑色のペンキを刷くと云ふ様な、例へば工場に花を挿し、清涼な空気と光線を送つた様な此の建物を私は意味深く眺めた。

（「動きつゝ見る」）

建築物というのはそこに住む人、利用する人にとって快適であるかどうか、その問題を抜きにして考えることはできない――ここには村野のそういう考えがうかがえる。そしてこの考えを村野は師の今和次郎から学びとったことは既に述べた。

こうして村野はソ連・フィンランド・スウェーデン・ドイツ・イタリア・スイス・フランス・オランダと巡り、イギリスでは早稲田から命じられて欧米各国を旅行中であった今和次郎とロンドンで邂逅することになる。そしてヨーロッパを発った村野はアメリカへと向かう。村野は「動きつゝ見る」でこう書いている。

船がハドソンの河口に近ずくと特有の霞を透して吾々の眼前を塞いで居るものに気附く頃

は、船はずつとマンハッタンの諸建築を指顧するところに来るのである。折り重なつた森林の様な高層建築群の盛観は足掛け五日の間茫洋たる海原を見つめて来た人達の頭に調和ある象を造り出すことは出来ない位である。将に此の、近代建築のローマの都は名状す可からざる偉観であつて、吾々は此の光景を幾度見ても科学と建築との芸術に対し嘆賞の言葉を禁じ得ない。建物の高さと、そゝり立つた大群の建築で、岸壁は海面とすれすれに見え、マンハッタンは今にも沈みそうである。銀波が斜陽にきらめいて居て、背光を帯びた建物の群塊が淡黒く海から立ち上つて居る様にも見える。私は幾度となく、アメリカを見ずして近代建築を語る資格がないと思ひ返して見たのである。

このマンハッタンの光景への感嘆は、村野がまだアメリカを一度も訪れていない時に書いた論文である「様式の上にあれ」(1919) の中で、アメリカの「スカイスクレーパー」を、「時代の奇型」と呼び、「其の存在と発生の理由を許さない」とし、「そんなものは半分から折つちまえ!」と叫んで否定した立場に反しているように思える。実際に半世紀を越える彼の設計活動の中で、一度も超高層ビルの設計を手掛けるようなことはしなかったが、こうした建築家としての胸の奥のこだわりは、この時だけはなぜか影をひそめ、現実の光景の凄さに彼は心を奪われていたように思える。

(『村野藤吾の建築　昭和・戦前』鹿島出版会、２０１１年、２１７ページ)

そして村野は「動きつゝ見る」において、アメリカの高層建築のクライスラー・ビルについて次のように書いている。

クライスラー・ビル
(『西洋建築様式史』)

此の建築の野蛮な事について吾々は単に普通の考へを以て批評してはならない。無論欧洲的理論とは此の場合、恐ろしくかけ離れたものであらうし、又、常識的に判断することの出来ない位馬鹿化た様な建築でもある。私は此の建築について一つの仮想を懐く、ナンセンス的、恐らく、行詰つた唯理思想の窮屈さをけ飛ばして、何かしら、高らかに歌ひ、且つおどるところの濶達にして、秩序を無視する者の姿ではないか、世間はあまり窮屈であり、きよぎであり、時代の新らしい自然主義が、モダーニズムの形を採つて現われた姿をクライスラーの白銀の塔に見るのである。

長谷川はこの文については次のように述べる。

これは今読んでも、あるいは逆に今読むからこそ理解できる、きわめて正当な評価であったのであり、今もほとんどそのまま受け入れることのできる解析であったのだ。しかし当時の日本の建築界の、いわゆる右翼も左翼も、つまり《ナショナリズム》を主張する派も、逆に《インターナショナリズム》を主張するグループも、そのどちらの派にとっても、こうした村野のアメリカ建築に対する賞讃は、どこか奇異な、また異端的な意見として聞こえたとしても無理のないところであった。／おそらく大学を出た後大阪で設計者としての活動を続けてきた村野にとって、東京の多くの建築家や知識人たちが信奉するような、ヨーロッパ〈近世〉に起源を持つ建築観や価値観は、どこかであまりにも〝四角四面《スクエア》〟で、またいかにも窮屈で、人を無理矢理そのスクエアな〝箱〟の中に押し込め、縮こませているように見え、またそのぎこちない頑な姿勢そのものの中に、「虚偽」や「欺瞞」といったものが見え隠れしている、と村野は言いたかったに違いない。そうした状況を勇ましく打破しようとしているように見える「アメリカニズム」の試みの中に、「クライスラー・ビル」のデザインもまた出現することになったのである。

（『村野藤吾の建築　昭和・戦前』２２０～２２１ページ）

そして長谷川はさらに、村野がなぜこれほどまでに「クライスラー・ビル」に熱い共感を表明したかについて、次のように述べている。

彼が自分もいつかこういう建築を創りだしたいという内的な欲求を、そうしたデザインを見たことによって、強烈に刺激され、触発されたからであったに違いない。つまりは、人々を「窮屈」なところへと押し込め動けなくしてしまうような「唯理思想」（つまり「実験室」的《合理主義思想》）がつくる建築の〝殻〟を突き破って、「何かしら、高らかに歌ひ、且つおどるところの、闊達にして、秩序を無視する」建築を、自分も建築家として創り出したい、それをこれから目指していくのだ、という堅い決意を、まさにクライスラー・ビルの〝頭部〟のデザインから自分の胸の奥で固め、自分の想像力という〝油〟を、自分が見出したそうした〝火〟の中へ注ぎ込もうと心を決めたのである。／事実村野はその数年後、大阪の道頓堀に「キャバレー赤玉」（1933）のような、いってしまえば「ナンセンス的」商業建築を、ロシア構成主義のイメージを借りた夜間のネオンサインのファサードと、ムーラン・ルージュ風の風車が回る塔をシンボルとする建築として、この点が重要だが、大真面目に、しかし決して「唯理」的ではない態度で設計し、鮮やかに〈広告宣伝〉効果をあげて成功した。さらにその三年後の「都ホテル新館」（1936）の設計では、「クライスラーの白銀の塔」に匹敵させようとするかのような意気込みの中で、建物の奇

都ホテル

(『村野藤吾　建築案内』TOTO出版　2009年)

抜なスカイラインを実現して人の目をこの一点に集めようとしたりもしている。ＲＣ造による桃山風瓦屋根が新築のホテルの宿泊棟の天辺で「歌い、且つおどる」と同時に、今まさに飛翔せんとするかのような、不思議なエレヴェーター・シャフトの上のペントハウスの屋根を完成させている。その和風の塔屋は、ニューヨークのビルの場合のように自動車という最新の機械を〈広告〉するのではなく、ほかでもない〈京都〉という古い伝統的な街並を残した町の中に誕生した、近代的な設備を備えた〝モダンなホテル〟という適確な〈広告宣伝〉となっている。／さらに戦後になっても、村野のこうした傾向を持つ設計は続き、その最たるものとして第一番に挙げるべき建築は、大阪の表通り「御堂筋」に面したミナミの地に、一九五八年に完成したた

大阪新歌舞伎座

（『村野藤吾のデザイン・エッセンス７』）

「新歌舞伎座」と名付けられた劇場建築である。（略）西欧流の「唯理思想」つまり《モダニズム》を信奉する建築界の大多数の人たちは、八個の連続した唐破風が上下四列（四階分）に水平に並んで重なった歌舞伎劇場らしい華麗なファサードに仰天させられた。さらに陸屋根ではなく、ビルの屋上に巨大な千鳥破風の屋根を載せ、これに棟飾りとして鬼瓦風彫刻（彫刻家辻晉堂作）を頂に置いた〈和〉のスカイラインを演出したデザインを、多くのモダニストたちは単なるキッチュな懐古趣味の商業ビルとして、極端にいえば唾棄せんばかりの想いでそれを眺めたのだ。しかし完成してから十年たち二十年、三十年と歳月を重ねた後で「新歌舞伎座」のファサード・デザインをあらためて今見上げると、ニューヨークの「クライスラー・ビル」が、今もマンハッタンのスカイラインのある部分を決定的に特徴づけて屹立しているのと同じように、この建築が大阪ミナミの繁華街の都市景観に欠くことのできないシンボルとなったことがわかるはずである。またそのファサード・デザインが、単にキッチュな、その場限りの伝統に媚びた意匠では決して無かったことを私たちに思い知らせるはずである。ミナミの都市景観の中にこの建築が放射している、周辺のビルには決して見ることのできない重量感や存在感の凄み。

（『村野藤吾の建築　昭和・戦前』２２１～２２３ページ）

新歌舞伎座は写真で見る限りではあまり感心しなかった私だが、実際の姿、といっても、既に営業はなされておらず外から見るだけだったが、それでもここで長谷川が述べていることは十分に納得できるものであった。

さて、こうしてヨーロッパからアメリカへとめぐった今回の旅で村野がもっとも感銘をうけたのは何であったのか。それは結局、最先端の建築ではなく、スウェーデンのストックホルム市庁舎（エストベリ作、１９２３年）であった。

ストックホルム市庁舎
（『近代建築の目撃者』）

北欧の旅をするものの一度は此の町を訪れて、市役所の高雅な建物を見ることは悦びであらうが、感銘の極、只々頭が下ると云ふ外表はす可き言葉もない。近代の建築的傾向を云為するなら或は多くの欠点を持つて居るであらうところの此の建築は、芸術的香気に於て一切の理由を超越して居た。

（「動きつゝ見る」）

私の印象でいえば、世界の名建築はパンテオンとこれだなというくらいです。パンテオン以後、これほどの建物はないというくらいの印象ですね。

（『近代建築の目撃者』２３５ページ）

こうした村野の言について堀川勉は次のように述べている。

芸術行為が現代では装飾行為でしかありえないという認識は北欧の建築、特にストックホルム市庁舎への絶賛となって表明されている。ストックホルムの市庁舎は周知のように近代建築というよりも、一九世紀の折衷主義建築であり、フォルムの統一は遂に獲得できないまま豊かな装飾精神が空間全体にゆき渡っている。他方、ル・コルビュジェ、W・グロピウスの近代的国際様式に対する熱狂は、彼の言動のどこにも見受けられず、フランス、ドイツの建築家たちのフォルムへの情熱も遂に彼を動かすことができなかった。（略）そしてニューヨークへのオマージュ。マンハッタンを船上から眺めたときの感動がありのまま語られている。彼が熱気をもって語った都市はこれだけである。当時の建築家にとっては対極的存在であるはずのストックホルムの建築とマンハッタンの遠望が、村野においては互いに排斥することなく同居している。しかしこれも彼にとっては不思議でも何でもない。ニューヨークこそ、科学と芸術と富が三位一体となって、商品である建築が、最も活発に売買されている都市であるからにすぎない。
（「四人の建築家の屈折点」『悲喜劇・一九三〇年代の建築と文化』現代企画室、１９８１年、１４０〜１４１ページ）

しかし石田潤一郎「戦後、建築家の足跡」（『建築文化』１９８９年12月号）は、ソヴィエトとアメリカへの村野の思いを次のように解釈している。

村野はソビエト建築の実作には失望したものの、モスクワで、タトリンと会見し、強い印象を受ける。タトリンは「熊のような手を振り上げて」村野に語った――「世界中で何よりもアメリカニズムを賞する、我々のプロレタリアートはアメリカニズムの協力によって初めて完成されるのだ」と。ここでいう「アメリカニズム」とは「実務性、高速度性、大量廉価生産性、合理性」であると村野はパラフレーズしているが、彼は注意深く言い添える――「私の興味は其の機械力と機能との完全なる唯物論的文明以外に大衆との協力のなかにタトリンの意味を見出さうとする」。／「大衆との協力」、この概念は、アメリカの摩天楼が急速に建築として充実してきた状況に触発されて、胚胎したとみられる。すなわち、「民衆の好尚」が建築の生む「利潤」を直接的に左右し、利潤を上げるための努力が建築を変革していくというプロセスを村野は発見した。そしてそこから「民衆の希望が支持する建築運動は強くて正しい」という結論を引き出すのである。このとき、村野藤吾は第二の回心を迎えたと言ってよい。そして、タトリンの言葉を金科玉条としていくのである。

村野の最初の「回心」は、本章「一、独立まで」で述べたように渡辺節の事務所で苦闘するうちに様式主義の面白さに目覚めたことを指している。

続いて石田の言うところを聞いてみよう。

彼は、様式建築が社会において獲得している「商業価値」の高さを熟知していた。そして、それと表裏をなすモダニズムの地位の低さも身に滲みていた。村野は、彼の知る大衆の価値観をこう要約している――「あの薄っぺらな銀行に大切な金が預けられるけぇ」。村野にしてみれば、大衆の支持を得ない建築運動は単なる「逃避」である。そして、かち得た大衆の支持を「経済的利潤」という眼に見えるかたちで表さねば、資本主義社会では「実験的労作」の域を出ない。しかし、大半のモダニストはモダニズムの社会的脆弱さを等閑視している。「折衷主義建築の功禍」は、この点についての覚醒を促したものにほかならないのである。(略)つまり、敵=様式建築の力の源泉を知り、それを学ばないかぎり勝てないということである。

1933年の村野の講演の記録である「折衷主義建築の功禍」については、「第三章、村野藤吾と溝口健二」の「二」と「四」でふれる。

こうして村野がこの旅で体得したものは、世界の建築界の最先端の動向に対する相対的な醒めた眼であったろう。いやその確認であったといった方がよいだろう。既に十年ほど前に、「私は厳格なるプレゼンチストである」（「様式の上にあれ」）と宣言していた村野にとって、1930年の欧米への旅はその立場を再確認する旅にもなったのである。

ところで村野はこの旅で一冊の本を手にいれ、日本に持ちかえっている。その本をレニングラードの書店でふと目にした時のことを村野はこう書いている。

一見なにが書かれてあるか、私は、言葉を越へてこのなかに蔵された思想を感得するに困難でなかつた。多数の挿画と、エタイも知れぬ曲形がなにを表はしてゐるか、私はその瞬間曾て覚えぬ大きな衝動を感じたのである。

（「本著の翻訳出版に就いて」『ソヴエートロシヤ新興建築学のイデオロギー的原理』創生社、1932年）

その本はチェルニホフの書いた『現代建築学の基礎』という本であった。チェルニホフは1890年生まれということだから村野よりも一つ上ということになるが、1925年にペテルブルグの美術学校の建築科を卒業したのち、主に学校教育にたずさわりながら多くの著作やドローイングを産みだしている。彼はロシア・アヴァンギャルドの世界ではどの陣営にも属さぬアウトサイダーで、これまであまり注目されてこなかった存在であったが、村野がもちかえった『現代建築学の基礎』は１９２９年に出版されたものである（以上、チェルニホフについては、八束はじめ『ロシア・アヴァンギャルド建築』ＩＮＡＸ、１９９３年、２５５～２５８ページ参照）。この本は邦訳されて１９３２年に『ソヴエートロシヤ新興建築学のイデオロギー的原理』という題で出版されたが、それから三十五年後に村野は「私の半生の方向を決定するほどの感銘を受けた」この本について、さらに詳しく語っている。

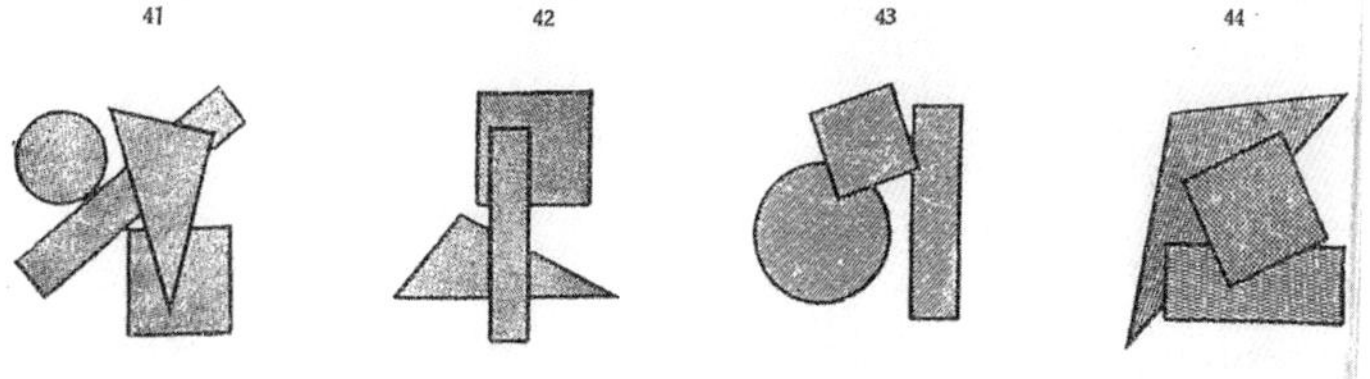

正形の最簡單なる平面接合(41——44)

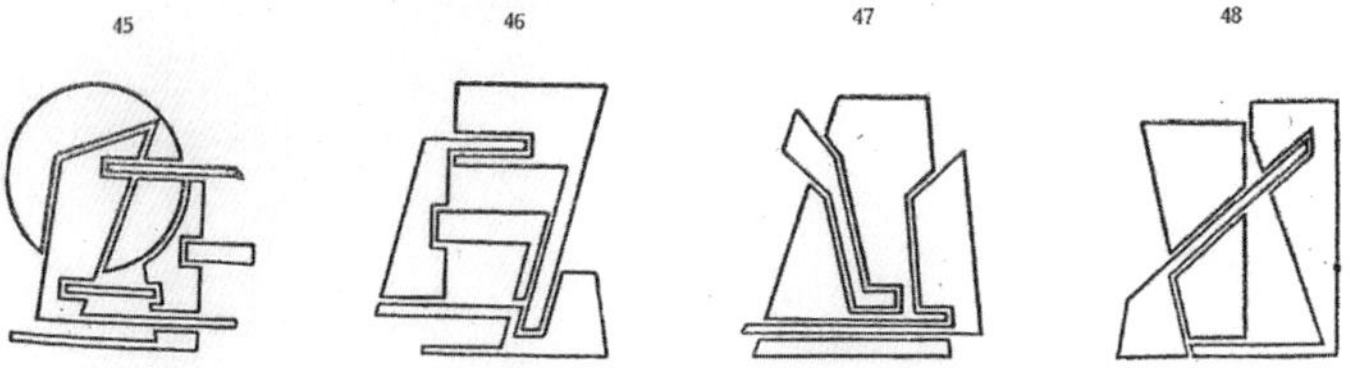

不正形の靜物的配合 (45——48)

『ソヴエートロシヤ新興建築学のイデオロギー的原理』より

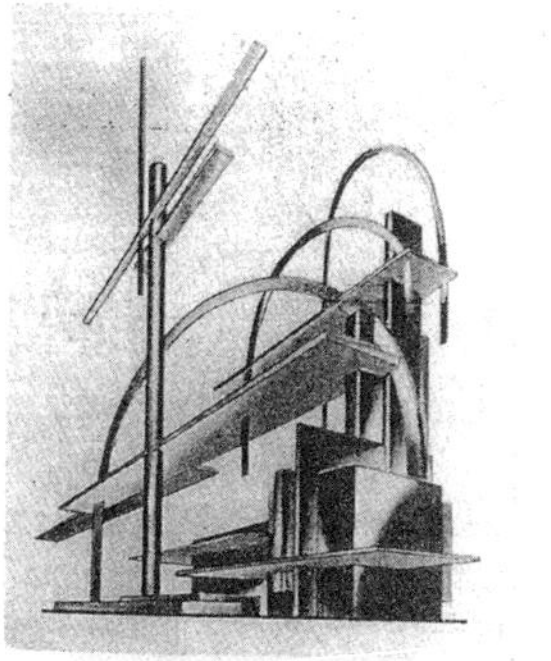

160　空間表現の一例　立体と平面

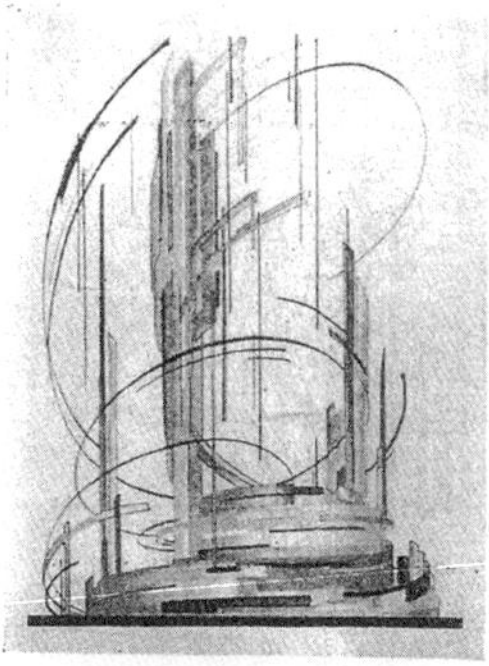

161　空間の力學　立体と平面

162 展覽會の正門

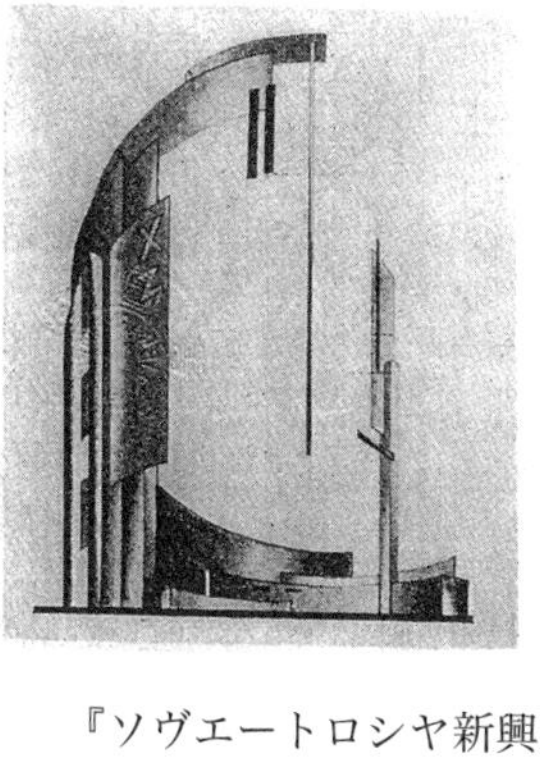

163 構造の力學

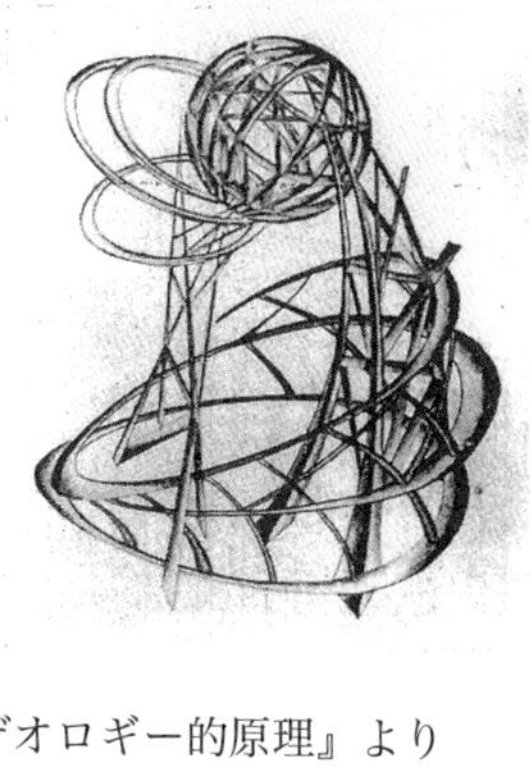

『ソヴエートロシヤ新興建築学のイデオロギー的原理』より

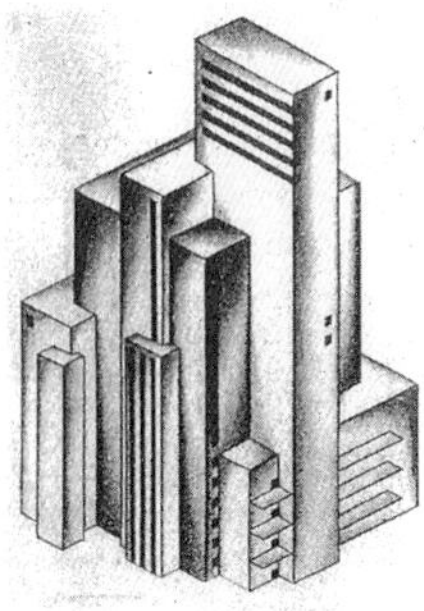

164　輕工業の工塲　立体の緻密な構造

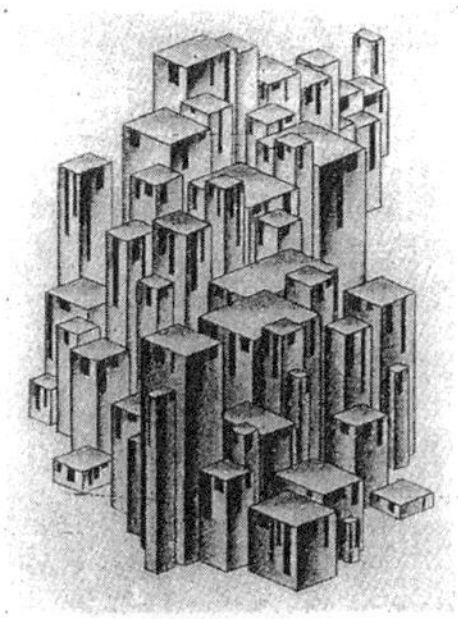

165　建築的ファンタージー　東洋のまち

166　映畫工塲　緻密な立体

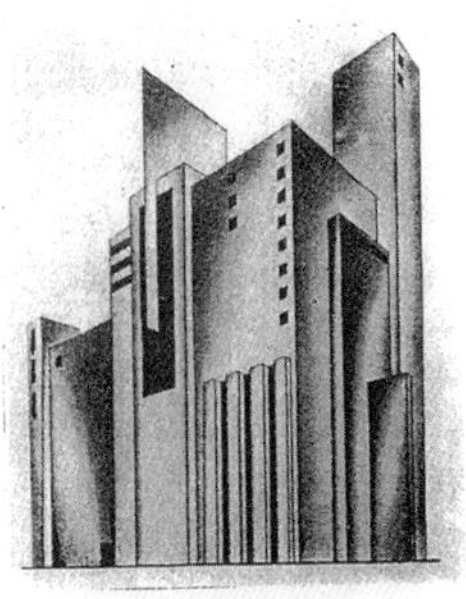

167　工　　塲

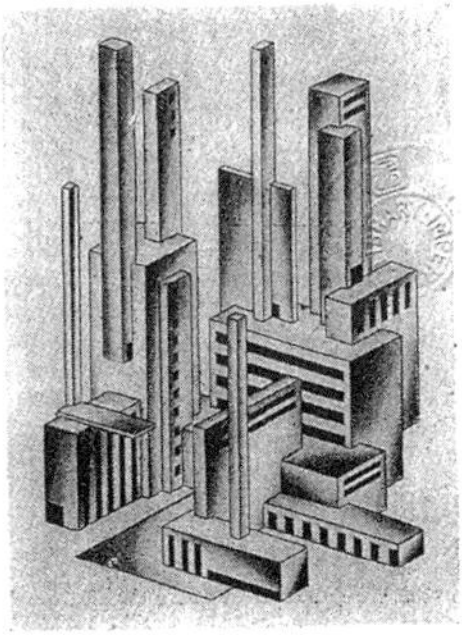

『ソヴエートロシヤ新興建築学のイデオロギー的原理』より

ページをめくってゆくほどにウーンとうなってしまいましたね。大げさに聞こえるかもしれないが、ひっくり返るほど驚いた。それまで私どもは、様式のでき上がった建築を学んできた。つまり完成された結果だけを教わってきたわけだ。だから、ややもすると結果だけがすべてだと合点してしまって、それに至る過程を見失ってしまう危険がある。ところが、この薄っぺらな本は、建築の根本から順を追って説き進めてある。直線とか円とかという基本の形があって、その基本の形がいろいろ組み合わさり、その組み合わせに理知が働き、人間の感情に共感するものが作られていって、建築というものに進んでいくのだということが、さし絵をいっぱい駆使しながら、わかりやすく説きおこしてあるのです。／ソートフォームといいますが、われわれの感情、情緒の中に直線とか円とかという基本形があり、これに条件、理知を加えると建築というものになる。この、建築になる前の心理的変化を経てくるものを図式によって説明しているのだから、私は文字どおり驚倒してしまったのです。（略）鉄やコンクリート、レンガなどといった非情な材料を使って組立て、人間と交流する建物になるわけだが、その過程をしっかり私に認識させてくれたのは、モスクワの建物ではなく、レニングラードでの薄っぺらな一冊の本だったというわけです。唯物主義の国から、かえって建物の精神性を教わったのです。

（「建築いまむかし」『毎日新聞』１９６７年11月12日）

「唯物主義の国から、かえって建物の精神性を教わったのです」ということから、私は村野が晩年にこんなことを言っていたことを思い出す。

「経済とはなんぞや」という問題に、全くお恥ずかしいのですが、五十歳過ぎて初めてそういう問題に疑問を持って、どうにかしてその糸口をつかみたいというのが『資本論』を読むきっかけになったのです。読んでみて非常に感銘を受けて、あれは当時は危険思想のもとみたいにいわれていたんですけど、危険思想なんてとんでもないことで、あれは全く聖書だと思いますね。（略）心のもとになる、心のもとを探る、それに触れるということじゃないでしょうか。

（『建築をめぐる回想と思索』新建築社、1976年、74〜75ページ）

唯物論の権化のような『資本論』に精神性を感じるという、村野のこの人の意表をつく、しかし村野にとっては当たり前の言及は村野の本質を知る重要なポイントになるであろう。この点については後の第三章二でもう一度考えてみたい。

三、大阪パンションとドイツ文化研究所

帰国した村野は独立第一回作品として森五商店を完成した（１９３１年）。この建物について藤森照信はこう述べている。

全体が箱型で壁が平坦という点は初期モダニズム風だが、軒をスッパリ切り上げずにわずかにコーニス――軒蛇腹――を張り出して壁面の上方への無限拡大感を封じ、壁の仕上げは白く塗る代りに濃い小豆色のタイルを張り、窓の形は横長にせず縦長とした。盛期の表現派のような激しい動きはない代り、初期モダニズムの紙をパンと張ったようなシャープさと表現派に由来する壁面の深い味わいが溶け合った新しいデザインが生れた。

（『日本の近代建築〈下〉』岩波新書、１９９３年、１９８ページ）

このタイルの色について村野は後年次のように語っている。

森五というのは銘仙の問屋ですね。だからどうしてもその銘仙の渋いような、そして底光りのするような感じを出そうと思ったわけです。底に光りのあるタイルを使ったりして、明暗の調子とか、色彩の調子を考えたのはそれです。それに私は前に申しましたように、

森五商店

(『村野藤吾のデザイン・エッセンス３』)

大体暗いというか渋い感じのものが好きでしょう。だからなおさらそうなったわけでしょう。

（『建築夜話』日刊建設通信社、1962年、215ページ）

窓を深くすることが一般的だった当時の日本にあって、この建物の窓の浅さは斬新なものであったが、これはオランダのアムステルダムで見たデュドックの新聞社を参考にしているという（佐々木宏編『近代建築の目撃者』新建築社、1977年、247ページ）。村野自身も、「これには自分としては、デュードックの影響があると思う。これは独立して最初の作です。渡辺事務所でスタイリッシュなものをやってきて、自分として行き詰まった。その反発とスタイリッシュなものの見方が、この中にコンデンスしてると思う」と語っている（「建築家の人間形成」『SPACE MODULATOR』1960年1月号。引用は『村野藤吾著作集』による）。

1933年に来日したブルーノ・タウトは森五商店を見て、「永久の価値を残した優秀な正面」「日本の伝統と現代的理解との驚くべき融合」「建築的細部に於ける材料の注意深き熟達」と書いた（「新建築小探検行・ブルノ・タウト氏と東京を歩く」『婦人之友』1933年11月号）。森五ビルは現在も日本橋室町に近三ビルと名を変えて建っているが、その姿は周りのビルとしっくり溶け合って、落ち着いた風情をかもし出している。だが中に入って一階玄関ホールの天井を見ると、地味な外側とは対照的に色鮮やかなガラスモザイクが貼られている。外部と内部のこの見事な転調を、表は渋く裏は派手な江戸好みの羽二重に例えた蔵田周忠の評言は至言であろう（浜口隆一・前野嶤「作品解説」『村野藤吾作品集　1928→1963』新建築社、1983年、254ページ）。

処女作森五商店に続いて同じ1931年に村野は大阪パンションを設計しはじめている。溝口が『浪華悲歌』で、アヤ子が囲われる浪華パンションのモデルにした建物である。村野自身は後に「あれは（略）ドイツの影響、ドイツの合理主義という、そのような考え方だと私は考えます。大阪パンションという狭いきりつめられた所に持ってきて、流れになって、部屋だとか薄い窓、それから横長い窓、それから長さが折れた壁面だとかいうものはドイツ風の考え方じゃないかと思っております」（「設計態度」『近代建築』1964年1月号。引用は『村野藤吾著作集』による）と語っているが、藤森照信は「純粋モダニズム」の作品で、村野が「自分だってモダニズムくらいは出来る」ということを世間に知らせるために試みたものだと述べている（「解説」『村野藤吾著作集』同朋舎出版、1991年）。つまり村野の作品のなかでもっともインターナショナル・スタイルに近いものだというのである。浜口隆一・前野嶤は次のように解説している。

この時代は、ヨーロッパ近代建築運動の華やかな時期で、とくにドイツのシュツットガルト市ワイゼンホーフの住宅団地のコルビュジェ、ミース、グロピウスなどの合理主義的作風が国際的な注目を集めていた。大阪パンションにも、その影響が強く見られる。水平な連続窓、薄くフラットなほとんど白に近いベージュ色の壁面、そしてそれらが屈折しながら連続するあたりの鋭く軽快な造形効果。こうしたデザインは、施主側からの、工費を安くという要求により、コンクリートをできるだけ薄く、サッシュも細くして、ローコスト化を計ったこととも関係している。またそのことが、同時に、当時の先端的な美意識とも合致するため、いっそう強調されたといえるだろう。しかしそれだけではなく、村野独特のデリケートな感覚で、それをさらに洗練させていった。そうしたことは屈折に富む壁面やバルコニーなどの隅ずみの鋭さとか、ガラスと壁面がほとんど平らになるくらい浅くとられた窓などの、緻密なディテールにあらわれている。この鋭さは、前作の森五ビルの、重厚でやわらかな感じとはかなり対照的であるが、窓面の扱いなどには似かよったところがある。

（「作品解説」『村野藤吾作品集　1928↓1963』新建築社、1983年、254〜255ページ）

また長谷川堯は、大阪パンションにル・コルビュジェの強い影響を指摘しつつ、しかしコルビュジェの「未来主義」を体現しようとしたものではなかった、と述べている（「解説―村野藤吾の〈現在主義〉について―」『村野藤吾作品集2　1964↓1974』新建築社、

1984年、231ページ)。

村野は後年に「私がかつて大阪パンションをやったとき、村野はあんなことができるのかといわれたがそれも誤りです。スタイリッシュのようなものでも、一つのことをやっていればなんでもできる。別々のものではない。あとは四通八達でしょう」(「建築家の人間形成」『SPACE MODULATOR』1960年1月号。引用は『村野藤吾著作集』による)と語っているが、村野にとってインターナショナル・スタイルというものも様式の一つにすぎなかったことが判る。

> 村野は(略)立面の〝表情〟とか語りかけといったことに執拗にこだわりつづけてきた。彼の建築では、その壁面が一見、非常にシンプルな無表情な装いを持つ場合であっても(たとえば1930年代の森五ビルや大阪パンションやドイツ文化研究所など)、しかし詳細にみるとそこには非常に細かな配慮のディテールを発見させられてひとはしばしば驚かされる。ここでもまた村野は、合理主義の手法を提示しようとして外壁面をシンプルにおさめたわけではなかったことをわれわれは知らされるのである。
> (長谷川堯「解説 — 村野藤吾の〈現在主義〉について —」248ページ)

大阪パンションはインターナショナル・スタイルの範疇にはいるモダンなものだったが、村野はそれを金科玉条のように提出したのではなく、村野風の細かい味つけをしたということなのだろう。だからこそ村野はその晩年になって、「印象に残ったもの、もしくはお好きな作品にどんなものがおありですか」と問われて、「そうですね、やはり森五ビルは好きですね。それから大阪パンションなども」と答えているのだ（「大阪の建築界のこと」『早稲田建築』1973年5月号。引用は『村野藤吾著作集』による）。竣工当時の大阪パンションはやはり目につくものだったようで、林野全孝は子供のころにこの建物を見て「その斬新さにびっくりしたことがある」という（大阪府建築士会編『近代大阪の建築〈明治・大正・昭和初期〉』ぎょうせい、1984年、17ページ）。この建物が現在残っていないというのは残念なことである。

ところで村野藤吾というと、その「階段のデザインの多彩さ、巧みさということについては、彼が晩年を迎える頃には、日本の建築界ではほとんど知らない者がいない、といえるほどに広く伝わっていた」ということだが（長谷川堯「階段をめぐる思惟と技法」『村野藤吾のデザイン・エッセンス2』建築資料研究社、2000年、4ページ）、大阪パンションの「玄関ホールから大きな開口をもつ窓を右手に見ながら2階へと上がる、簡素だが軽快な感じの階段のデザイン」は「モダニズムの香り高い」もので、「金属製でやや幅広のベルト状になった手摺を細い丸鋼棒の支柱（手摺子）が支える、きわめてシンプルなデザインの階段であり、ある意味でこれは、戦後に村野が手掛けた一連の金属製の階段手摺のデザインの原点となるものであった」（同右、6ページ）という。『浪華悲歌』の浪華パンションの一階から二階への階段は金属製の手摺りを使っている点は大阪パンションと共通しているが、大きな窓はなく、軽快で開放的な感じとはいえない。むしろ閉鎖的な印象を受ける。それはアヤ子にだまされた藤野がどなりこみにくる場面で、おばさんが駆け上がり、やがて藤野が駆け上がってくるところで、この閉鎖的な階段がその場の雰囲気をよく出しているといえる。

さて村野は１９３１年にはこの大阪パンションの他に、「オランダのゼセッション・アムステルダム派の影響が見える」（『村野藤吾作品集　１９２８→１９６３』13ページ）とか「アムステルダム派を含めた広義の表現主義建築の影響が指摘できる」（石田潤一郎『関西の近代建築』中央公論美術出版、１９９６年、１１４ページ）といわれている神戸大丸舎監の家を設計し、翌１９３２年には正面の三つのアーチ型の縦長の窓が印象的な加能合同銀行、そして中島商店、１９３３年にはキャバレー・アカダマと設計している。藤森照信は「加能合同銀行は純ドイツ表現派で（略）中島商店はデ・スティル」（「解説」『村野藤吾著作集』同朋舎出版、１９９１年、８２４ページ）とその特

神戸大丸舎監の家
（『村野藤吾のデザイン・エッセンス３』）

徴を概括しているが、福田晴虔は中島商店について次のように述べている。

この建物は一見地味な小品ではあるが、大阪パンションなどとともに、初期の村野のモダンな作風を伝える重要なものと言うことができる。これと並行して進められていた加能合同銀行では、控え目ではあるが様式的な手法が全体を支配していたのに対し、この建物ではそれとは対照的に大胆にシンメトリィを破ったボリューム表現からディテールに至るまで、すべて斬新なモダーンな感覚でまとめられ（略）村野の若々しい気負いがそのまま伝わってくるような作品となっている。おそらく金沢では、この建物を抜くような前衛的な建物はいまだに現われていないのではなかろうか。／外観はヨーロッパの構成主義風であるのに対し、2階の応接室などは瀟洒なアメリカ的アール・デコ風（とはいえ面の構成や収まりの感覚は明らかに数寄屋風であり、森五商店に見られるのと同様な和風と洋風のクロス・オーバーの試みがここでも中心と

加能合同銀行
（『村野藤吾建築設計図展カタログ４』）

中島商店

(『村野藤吾建築図面集・第１巻』)

なっていたことが分かる）でまとめられ、そこに小作りの使い勝手のよい家具が配されているなどは、村野ならではの独特のきめ細かい意匠である（略）。（「解説・中島商店」『村野藤吾建築図面集・第一巻』同朋舎出版、1991年、20ページ）

建物の外部と内部を同一のトーンでまとめるのではなく、そこに変化を与えることは森五商店でもしていることだが、これは村野の設計の特徴になっていったようだ。大阪パンションにもそうした面があることを想像しうるし、後にみる「そごう」もそうした特徴をもっている。福田は前掲の文に続いて、中島商店が村野のその後の作品の中で占める意義について次のように述べている。

この建物に見られる様々な手法が、すべて後の作品で大きく展開されてゆくこととなったものであるという点で、その実験的意義は大きい。（略）こうした実験的気負いは、当初案の平面スタディのなかにもあらわれており、構造的な無理を承知で様々な可能性を探っていた様子が見て取られる。そのプロセスはほとんど構成主義者の空想的プロジェクトに近い。実施案の不思議な非対称の構造的バランスはそうした模索のなかから生まれてきたものであった。そしてそのような先鋭的な試みと村野の感性を形づくる厳しい数寄屋的審美性とが、ここではまだ必ずしも幸福な結合となるまでには至っていないことが、この建物にやや落ち着きのなさを感じさせてしまうのであろう。しかしこうした二面性はその後の村野の作品に一貫して流れていたものであって、建築家は常にその対立をギリギリの地点まで追い詰めることに骨身を削っていたのであり、その意味ではこの作品は、かえって村野の作風、あるいは制作過程の秘密を明るみに出して見せてくれる重要な例と言うことができよう。

（「解説・中島商店」20ページ）

さて次に、村野の1934年の作品で、その車寄せが浪華パンションの車寄せとして描かれたドイツ文化研究所のことを述べていこう。

ドイツ文化研究所については既に戦前に板垣鷹穂が『建築』（育生社弘道閣、1942年）に次のように書いている。

それから、現代日本らしい建物では、京都帝大に近い独逸文化研究所の外観が相当に良くまとまつてゐる。ナチス・ドイツの建築規格を主な構成要素とする建物であるから、一見して直ぐそれと気がつくに拘らず、エレベーションの総体的な効果が何処となく京都の建物らしく、このあたりに古くから残つてゐる雰囲気の中に融け合つてゐるのである。

（239ページ、原文初出は雑誌『思想』1940年）

ドイツ文化研究所が企画されたのはナチス政権成立（1933年1月）以前で、村野が設計を開始したのは1932年の後半と推定されている。起工は1934年4月で竣工は同年11月であった（石田潤一郎「解説・ドイツ文化研究所」『村野藤吾建築図面集・第四巻公共の美解説篇』同朋社出版、1991年、8ページ）。ブルーノ・タウトが知人からナチス政権による身の危険を知らされてドイツを脱出したのが1933年3月、日本に到着し京都の下村正太郎邸に身を寄せたのが5月である。ドイツがワイマール政権からナチスへと政権が移るという大きな変化が起こっている時期にドイツ文化研究所の企画・設計・建設が行われたのである（ちなみにその頃の日本も満洲事変・満洲国建国・国際連盟脱退［1933年3月］という大きな変化の時期に当たっていた）。板垣がドイツ文化研究所の建物に「ナチス・ドイツの建築規格を主な構成要素」としていることを見てとったのもそういう時代背景があったからである。しかしこうした見方に対して石田潤一郎は、例えば反り屋根のような「ドイツの伝統的な軒先の反りを踏まえた」ものがあり、「実際、この作品はゲルマン的雰囲気を漂わせる建物として、多くの人の記憶にとどまっている」が、「ただ、ここにナチス建築の影響を見るのは、設計時期からして無理がある」と釘を刺している（前掲文13ページ）。ドイツ文化研究所にはゲルマン的要素はあるがナチス的要素はないというのである。

板垣は戦後になって村野と対談してこの点に再び触れている。

板垣　京都に調和する建物をどういうふうに設計されるかということをうかがったことがあるんですが、そのときの例として「ドイツ文化研究所が一つの解決だ」ということでした。翌日行ってみたんです。たしかにあれは京都の雰囲気によくあっていて、同時にナチス時代の建築のアイデアがちゃんと出ているんです。

村野　それは私も意識してやったんです。

（略）

村野　そのころにはないことだったんですけれども、あのとき、すかしの塀をコンクリートの打っ放しにしたり、庭石を使ったり、竹なんかを使ったりしたんです。日本風な味を出した。ああいう試みですね……あのころの私のもっともやりたかった方法なんです。

板垣　あの時分ドイツは、ナチスふうの建物——一種の規格をたててましたからね。やっぱりその規格にはそうようになっていて、しかも日本的で、京都市の雰囲気にちゃんとあっている……。

村野　あれはドイツ人が非常に喜んでくれました。

（引用は『村野藤吾著作集』による、初出は『国際建築』1955年4月号）

これをふまえて井上章一は『現代の建築家』（エーディーエー・エディタ・トーキョー、2014年）において、

「ナチス時代の建築」を、村野は「意識して」いたという。当人自身が、そう言いきっている点は、見すごせないだろう。

（326ページ）

と書いている。板垣と村野のこのやりとりを井上のように解釈していいのかどうか私は迷う。というのは村野が板垣の指摘を肯定しているのは京都に合っているという点とドイツ的であるという点であって、ナチス的であることを肯定しているかどうか微妙な受け答えをしているようにも思えるからである。井上はドイツ文化研究所の「建築全体のつくりも、ナチズムのハイマート様式をしのばせる」（前掲書、325ページ）としているが、村野がその様式を意識して設計したかどうかは別にしてその様式に似ているのかどうかという問題は残るだろう。そして私がナチスとの関わりで気になるのは談話室入口の上部にある鷲のレリーフである。鷲のレリーフというと、1935年の『虞美人草』の洋館にも鷲のレリーフがあったことが思い出されるが（拙著『溝口健二・全作品解説13』近代文藝社、2017年、265ページ参照）、この鷲の木彫について村野は上山春平の質問に次のように答えている。

——玄関から入ってすぐのホールの天井に、丸いくぼみがあって、そこに大きな木の彫刻がありましたね。

村野　あれは、こんど家に持って帰りました。この事務所の壁に飾っておこうかと思っています。あれは鷲でしょう。ドイツのシンボルのつもりだったのです。そして、あの丸いくぼみのところに赤い灯をともして、日の丸のかっこうにしたわけです。

（「建物物語」『人文』12号、1975年）

鷲の木彫

（『建築と社会』1935年1月号）

ビスマルクのプロシアと江戸幕府が修好通商条約を結んだのは1861年だが、1869年の二世・歌川国輝『東京築地鉄砲洲景』にはプロシアの鷲の国旗が描かれており（『東京―ベルリン　ベルリン―東京　展』森美術館、2006年、14〜15ページ）、それは1871年に統一されたドイツ帝国にも引き継がれ、鷲のマークはドイツのシンボルとして、その頃から日本人に知られていたと思われる。だから村野が鷲をドイツのシンボルとして描いたのはそのイメージでしたものかも知れない。しかし……。

村野の設計図に初めて、そして唯一、この鷲の木彫があらわれるのは1934年5月2日と記載のあるものにおいてである（『村野藤吾建築図面集・第四巻公共の美　図面篇』同朋社出版、1991年、27ページ）。ナチスが政権をとってから既に一年以上の時が流れている。その時点で国家としての大日本帝国のシンボルである日の丸と、国家としてのドイツのシンボルとしての鷲をドッキングしたことは、鷲のイメージにプロシア・ドイツ帝国のイメージだけでなく、ナチスをも含意していたと思われても仕方があるまい。村野にナチスに対する親和性があったのではないかと思わせるところである。その点ではもう一つの例がある。村野が設計した宇部市渡辺翁記念会館（1937年竣工）である。この作品については次のようなナチスと関わる言及がなされている。

松隈　ところで、藤森さんが村野建築の中でいいなと思う建物は何ですか？

藤森　やっぱり、圧倒的に改修前の「宇部市民館」ですね。改修前は良かった。面白いのは、あきらかにナチスが入っているってことです。いろいろと混ぜている。村野藤吾は混ぜることに関してはすごくうまい。歴史主義とヒットラー混ぜて上手にまとめられる。そういう人は世界にいたのかなって思う。

（「インタビュー・藤森照信氏に聞く『村野藤吾と日本近代建築』」『村野藤吾建築設計図展カタログ8』京都工芸繊維大学美術工芸資料館村野藤吾の設計研究会、2006年、

138ページ)

(会館正面前に立つ六本の独立柱の存在は＝佐相註)一部で指摘されているように、一九三六年に完成したばかりであったヴェルナー・マルヒ設計のベルリンの「オリンピック・スタディアム」前の二本の独立柱のイメージがオーヴァー・ラップしていたとも考えられないわけではないが、マルヒの列柱の持つ国家主義に特有の、権力を誇示するための虚仮威《こけおど》しともいえる高さを持つ四角柱とは異なり、村野の宇部の柱の場合は、正面からの視点でスレンダーに見えるように、厚さを平たく潰した約二mの長さを持つ八角形の断面が与えられている。

(長谷川堯『村野藤吾の建築　昭和・戦前』鹿島出版会、2011年、431ページ)

宇部市民館は、玄関側へ丸くふくらむ壁を、おしだしている。そして、そのさらに前へ、合計六本の記念碑的な柱をあしらった。なにもささえない独立柱を、左右対称に左へ三本、右へ三本ならべている。／そのたたずまいは、ベルリンのオリンピック・スタジアムをしのばせる。なかでも、五月広場《マイ・フェルト》からながめた光景は、よく似ている。ここでも、円弧状になったスタジアムの壁を背に、四本の独立柱がならべられた。左へ二本、右へ二本の柱が。／このスタジアムは、ヴェルナー・マルヒの設計で、一九三六年に完成した。ナチス体制

宇部市渡辺翁記念会館
(『村野藤吾建築設計図展カタログ8』)

が、オリンピックで国家宣伝につとめたことは、よく知られていよう。スタジアムは、ナチズムがうってでた祝祭劇の、その中心をなす施設である。／一九三四年に村野は、ドイツ文化研究所で、ナチスにあゆみよる表現をみのらせている。そして、この設計で村野は、ドイツ政府から、赤十字名誉賞ももらっていた。そのよろこびも、宇部市民館の建築に、親ナチ的な意匠をそえさせたと思う。

（井上章一『現代の建築家』エーディーエー・エディタ・トーキョー、２０１４年、３３１ページ）

村野がナチスの思想・文化にどう関わったのかに私がこだわるのは、溝口とナチスの思想・文化との関わりにこだわっているからである。溝口は遅くとも１９４０年頃にはナチス的理念への傾倒を深めており（拙稿「二つの流れを唯一つのものにコンデンスする」『溝口健二著作集』オムロ、２０１３年、４２６〜４２８ページ）、溝口の映画にそれがどう影響を与えたかに興味があるからである。村野がもしナチスの理念に傾倒するところがあったとするなら、何がそうさせたかというヒントの一つは宇部市渡辺翁記念会館にある炭坑労働者のレリーフにあるのではないかと私は思う。ソヴィエトに興味を持ち、アメリカの資本主義の肯定面に眼をそそぎ、民衆にそって建築をつくっていくという考えに至った村野はナチスの理念のなかに「労働者」＝「民衆」との関わりを見たからかも知れないと思う。これは思いつきの域を出ないが、

炭坑労働者のレリーフ
(『村野藤吾建築設計図展カタログ８』

ドイツ文化研究所正面外観
(『新建築』1933年２月号)

これから考察を深めていくべきことと思う。

井上章一は、モダニズムの建築家の中にも軍国主義へ靡いたものは結構いた、と述べている(『現代の建築家』95ページ)。村野はモダニストではないが、そのモダンな部分がナチスとつながっていく要素があったのかどうか、これからの検討課題であろう。

さてまたドイツ文化研究所に戻るが、板垣が指摘していたもう一つのことは、ドイツ文化研究所がナチスの影響を受けているにもかかわらず、古い京都にとけこんでいることであった。実はこの建築の日本的・京都的性格というのは、早く『新建築』1935年2月号の「八木生」が指摘していたことであった。

独乙文化研究所と云へば、卍巴のナチス国家としての独乙と云ふ聯想よりゴツゴツした感じを受けるに均《ママ》らず、その外観は寧ろ正反対の、一口に云はば、すつきりとした印象をうける瀟洒なものである。深い軒の出、緩い勾配、反りの強い銅板葺屋根と薄い庇、軽い玄関等、日本の数寄屋建築を思はせる。／(略)そして窓の羅列の単調さを所々にある細長い開口と格子で僅に破つてゐる。この格子の形は、京都の民家で特によく用ひられる俗に「むしこ」と称せられる塗籠窓と軌を同じふしてゐるのは、偶然の暗合か、将、作者の意図か、知る由もない。

数寄屋との関わりは戦後の評価においても言われている。

この建物は、村野の作品中で、鉄筋コンクリート構造による和風の表現、とくに数寄屋風の屋根の手法の原型となったものである。当時は軍国主義的風潮が建築界にも波及し、いわゆる帝冠様式の建築が幅をきかせていた時代である。帝冠様式が社寺建築の屋根をその主なモチーフとして、モニュメンタルな、やや威嚇的な表現を強調したのに対し、村野が数寄屋をもってきたのは、一種の抵抗精神のあらわれといえるかもしれない。ご存知のように数寄屋造はもともと、ときの支配権力に対する抵抗精神が生んだ造形である。

（浜口隆一・前野嶤「解説」『村野藤吾作品集　1928↓1963』新建築社、1983年、255ページ）

このように『新建築』の「八木生」は、数寄屋建築を思わせるすっきりした印象をナチスのゴツゴツした感じと対比させ、浜口・前野はその数寄屋風に軍国主義への抵抗を見ようとしている。しかし、数寄屋的なものを単純に軍国主義的な国家の威嚇と対立するものとしてとらえてしまっていいのかと私は思う。数寄屋の優しい趣のなかに威嚇的な残虐さとは異質の優しい残虐さとでもいうべきものを見る必要があるのではないか、というのが私の思いなのだ。そう私が考えるのは、近代天皇制の〝慈悲〟の持つ残虐さを見てとらなければならないと思うからだ。天皇制の民衆に対する慈悲は、国家への批判を鈍化させ、慈悲に感謝し感動することによって、民衆は国家へとからめとられ、吸収されていく。そうした構造があってこそ大日本帝国の途方もない（蛙の腹がパンパンにふくれあがったような）軍事的侵略も可能になったのである。大日本帝国の民衆への圧制は威嚇的・暴力的にのみ行われたのではなく、天皇制的な慈悲とセットになることによって可能となった。とするなら数寄屋的な優しさのたたずまいに、ナチス的なむき出しの暴力に対抗するもののみを単純に見てしまっては事の本質を見誤ってしまうといえよう。

そこで近年における次の二人の批評を見ていこう。

この建物の語法を細かくみていくと、日本的なるものとモダニズム的なるものがそれぞれに生々しいエレメントとして用いられていることに気付く。双方が領土を争いながら、最終的に両義的に存在する定常状態に落ち着くことを村野藤吾は目指した、と考えてよい。たとえば、スリット状の窓は渡辺事務所時代から彼の多用するエレメントであったが、この建物の評者のなかには、京都の町家の虫籠窓を連想すると述べる者もいた。こうしたイメージの揺曳のなかで、スリットという手法の持つ建築的効果を際だたせようとしたといえよう。すなわちその分、造形要素は多義的であり自立していて、それ自体の魅力を伝えるのである。／村野藤吾は、建築を一色の「制度」に染めるようなことを峻拒しつづける。

その困難に耐えつづけることによって、建築家の美意識はあらゆる権威を越える力をはらんでいく。この作品では特に、その現場が見てとれるのである。

（石田潤一郎「解説・ドイツ文化研究所」『村野藤吾建築図面集・第四巻公共の美　解説篇』同朋社出版、1991年、13ページ）

村野が、〈和〉の雰囲気を「研究所」の本館棟のファサードに引き出すためのキーワードとして、伝統的な日本建築の〝用語〟の中から特に見つけ出してきてここで活用しているのは、「武者窓」とか、「連子格子窓」とか、京都の町家などで「虫籠窓」などのさまざまな呼称で呼ばれてきた、日本建築の中の、特に防御性を顧慮した土壁部分に開けられた開口部のディテールである。（略）伝統建築に特有なものと思われていた意匠が、近代建築の幾何学性あるいは抽象性を重視する傾向の中に、さほど違和感なく、重像させ得るという点で、村野にとって「武者窓」「虫籠窓」は、格好のディテールであったのである。

（長谷川堯『村野藤吾の建築　昭和・戦前』鹿島出版会、2011年、541〜542ページ）

そこでの彼は、〈未来〉の建築を予告していると《モダニズム》の側の設計者たちが盛んに喧伝している、建築の新しい構造体や新しい機能性を自分自身のものとした上で、〈過去〉の建築の多くが備えている、《懐かしさ》とか、あるいは《くつろぎ》や、さらには《和《なご》み》といった、計量化することの難しい空間的性格を、どのような形で〈現在〉のものとして抽き出して来て、自分の建築空間の中に実現するか、をしきりに模索していたのだ。したがって完成された建築は、単なる合理的で機能的な、新しい「研究所」施設といった理解で収まるわけはなく、「研究所」という姿を借りながら、何か別のものを、つまり村野が追いかけた「サムシング・ニュー」を、いかにそこに取り込んだかという結果の報告となったのである。／結論としていえば、村野はこの「研究所」の設計を通して、(略)住宅に限らずあらゆる近代建築の中で可能な、〝住み心地の良さ〟、〝居心地の良さ〟、として流し込めないかという重要な課題を、実は密かに追求し始めていたのだ。

(同右、564ページ)

石田も長谷川も、ドイツ文化研究所のなかに日本的な要素とモダニズム的要素が共存していることを指摘している。溝口のいう「二つの流れのコンデンス」(これについては「第三章一」を参照)がここで行われているということになる。そして石田はそこにあらゆる権威をこえる力を見、長谷川はそれによって居心地のよさといったものを現代に実現しうるとした。

四、キャバレー・アカダマとそごう百貨店

キャバレー・アカダマは1927年に誕生したが（倉橋滋樹・辻則彦『少女歌劇の光芒』青弓社、2005年、121ページ）、その建物を改修するため村野が設計を行った。その図面は1930年から1933年にわたって描かれており、『村野藤吾建築図面集・第二巻』（同朋舎、1992年）に収められている。建物の改修が終わったのは1933年12月だという（石田潤一郎「不安と確信とに震える描線」『村野藤吾建築設計図展カタログ4』京都工芸繊維大学美術工芸資料館村野藤吾の設計研究会、2002年、24ページ）。

アカダマはガラス・ブロックを壁面に大量に使った日本で最初の例だと、村野は語っている。火ともしごろには、このガラスブロックを透過して室内の明かりが外に現われる。この透過光を地としてａｋａｄａｍａというネオンサインが浮かび上がり、さらに、東側に立つ塔にもネオンで縦のストライプと風車が描き出される。（略）村野が試みたスーパーグラフィック的なネオンサインは、ファサードが平面的に構成されることではじめて可能になった。

（石田潤一郎「不安と確信とに震える描線」24〜25ページ）

『浪華悲歌』の冒頭に出てくるキャバレー・アカダマは東北の方向から道頓堀側を撮ったものであり、『村野藤吾建築図面集・第二巻　解説篇』の14ページ上に掲載されている写真［図a］が一番近いアングルである。建物の壁面に同じ字体のアルファベットによるアカダマというネオンが光っている。ただ広告塔のネオンは写真では縦の線だけのシンプルなものであり、このへんに構成主義的な意匠を感ずるのだが（長谷川堯はそのファサードを構成主義的だと述べている［「村野藤吾のファサード美学」『村野藤吾の造形意匠3』京都書院、1994年、315ページ］）、映画の方は右半分が縦線で左の方は「キャバレー　赤玉」という文字が点滅していてやや野暮ったいものになっている。また広告塔の左側、すなわち東側の壁面上部のガラスブロックからもれてくる光が映画にはうつっていない。つまり映画にうつっている建物は、写真の建物とは違いがあることが判る。その違いが何故生じているのかというと、写真の方は竣工直後に撮られたもののようで（長谷川堯『村野藤吾の建築　昭和・戦前』鹿島出版会、2011年、376ページ）、そのことは

図a　アカダマ
（『村野藤吾建築図面集2　解説篇』）

『村野藤吾のデザイン・エッセンス3』（建築資料研究社、２０００年）の54ページに載っている写真の外壁のところに、坪内美子主演の映画『涙の渡り鳥』の宣伝が見えていることで判る。この映画は１９３３年2月に封切られたものだから、この写真もそれからそう離れていない時のものであろう。しかし『近代建築画譜』（近代建築画譜刊行会、１９３６年）に掲載されている写真［図b］には「キャバレー　赤玉」とネオンサインされていて、映画のものと同じである。つまり竣工後のいつかにこのように変更されたものと思われる。竣工時の縦のラインだけのロシア構成主義風の洗練されたデザインが野暮ったいものに変えられたということだろう。

道路側の南東の角度から撮った開店時の別の写真［図c］も残されているが、これにはガラスブロックから漏れる光が綺麗に写っている。「ガラスブロックの内側に照明を仕込むことによって、面状の発光体とし、ネオンとの構成によって大胆で前衛的な夜景をつくっている」（『村野藤吾の造形意匠3』85ページ）のである。福田晴虔はこの写真について次のように書いている。

そのアングルは当時最先端の「新興写真」を思わせ、おそらく芦屋にアトリエをもっていた中山岩太かそのサークルに属する写真家の作品と見られ、写真史からみても興味深い。そしてこのことは、村野の建築が当時の関西における新しい芸術運動と密接な結びつきをもっていたことをうかがわせ、大阪が文化の発信基地である時代があったことを知らせて

図b　アカダマ

(『近代建築画譜』)

図c　アカダマ

(『村野藤吾のデザイン・エッセンス７』)

くれる。

（『村野藤吾』ラ・フェニーチェ、1992年、16ページ）

中山岩太（1895〜1949）は東京美術学校臨時写真科を卒業したのち、ニューヨークに渡り、そこで写真スタジオを経営して七年を過ごした後、1926年にパリに移住し、そこで「モホリ・ナギらを中心とするバウハウスの新しい写真運動や、マン・レイのフォトグラム、リシツキーらソヴィエトの構成主義的写真作品」（中島徳博「私的評伝・中山岩太」『中山岩太展』芦屋市立美術博物館・渋谷区立松濤美術館、1996年）に遭遇することになる。それは「絵画の影響から離れた」「世界の写真革新運動の最前線と出会ったことを意味していた」（同右）。1927年に帰国し、1929年に芦屋にアトリエを構え、翌1930年には近くに住むハナヤ勘兵衛・紅谷吉之助らと芦屋カメラクラブを結成して、新興写真の旗手として活躍することになる。中山の出世作は1930年の「福助足袋」だが、1932年に野島康三・木村伊兵衛と発刊した写真雑誌『光画』に発表した一連のフォトモンタージュ作品も注目される（溝口の『折鶴お千』にフォトモンタージュの手法が影響を与えているのではないかという点については拙著『溝口健二・全作品解説12』近代文藝社、2016年、198ページ参照）。

さてやはり『光画』に載った中山の写真に「キャピトル」（1933年）と呼ばれているものがあるが、これなどはキャバレー・アカダマの写真に近い雰囲気と画質をもっているだろう。

そして中山は1936年に増築された神戸大丸に写真室をもつことになるのだが、その新しい神戸大丸の設計を担当したのが村野藤吾なのである。もし村野と中山の間に交流があったとすれば（資料からはそういうことは何も書かれていないが）、このへんの関係からかもしれない。

長谷川堯は『村野藤吾の建築　昭和・戦前』（鹿島出版会、2011年）において次のように述べている。

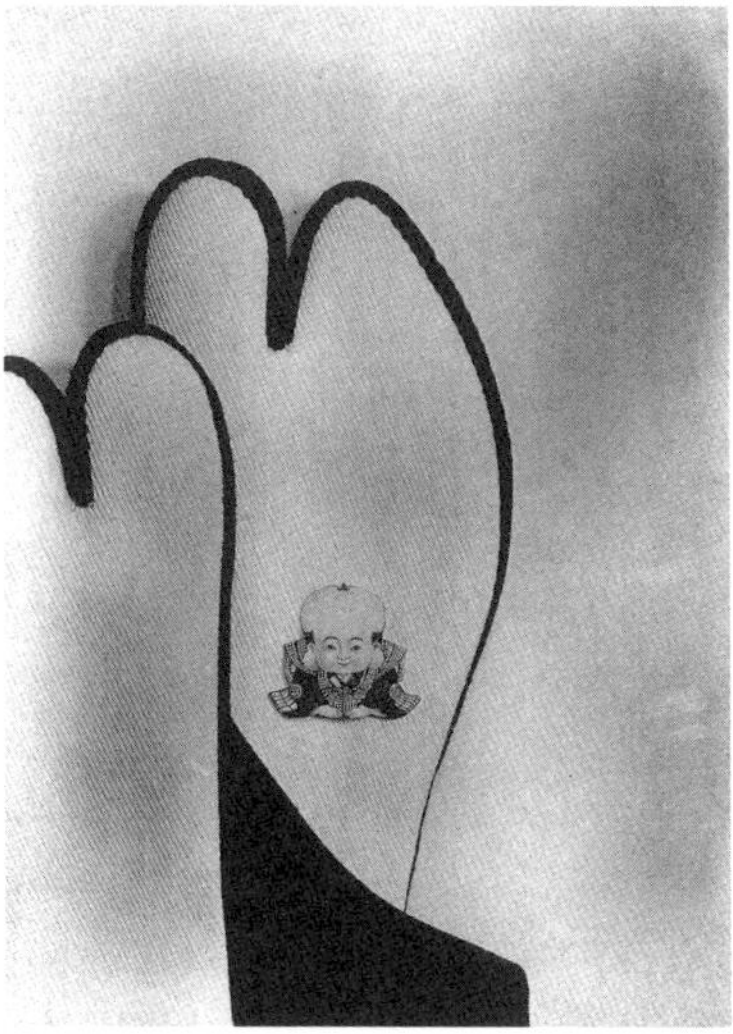

中山岩太「福助足袋」（1930年）
（『中山岩太展』所蔵者・中山岩太の会）

村野は「キャバレー赤玉」を、〈昼〉ではなく、〈夜〉の帳《とばり》を背景として設計していき、その闇の中にこそ、自分のデザインのいわば真髄《エッセンス》といったものが浮かび上がってくるように、おそらく最初から準備してはじめ、どうにかその目的を遂げていたといえるかもしれない。暗い闇夜に逆らって立つ〈虚像〉もしくは〈陰画像〉として、自分が設計する建築の本領を発揮させようという目論見の中でのひとつのパラダイムの転換。おそらく設計の初期段

中山岩太「・・・・」(1932年)

(『中山岩太展』所蔵者・中山岩太の会)

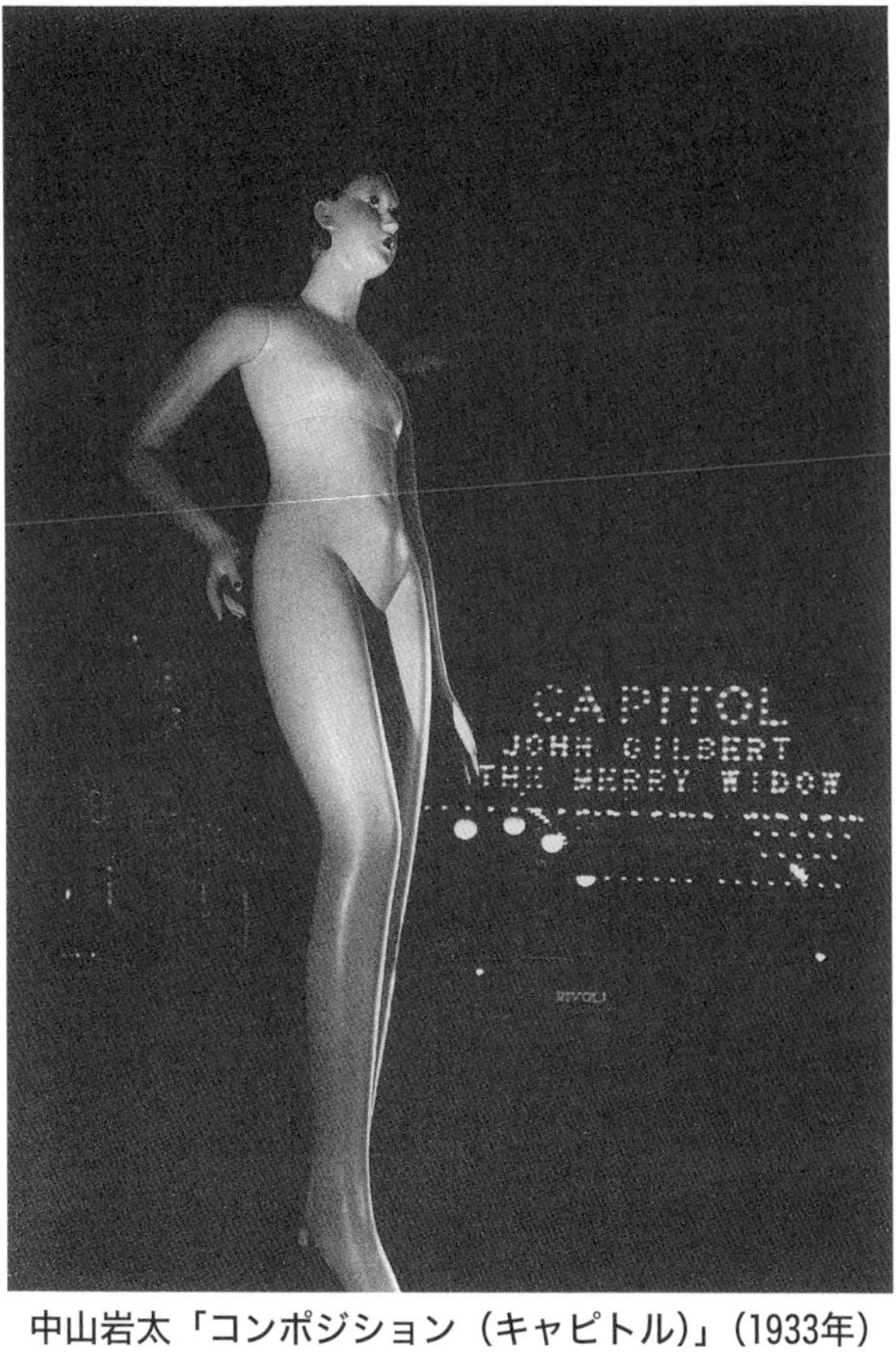

中山岩太「コンポジション（キャピトル）」（1933年）
（『中山岩太展』所蔵者・中山岩太の会）

階から抱いていたはずの村野のこうしたしたたかな企ては、日本の明治以後の建築界において、村野藤吾以外に、それ以前には、建築家では誰もいなかった、といってもいいのではないか。／このことは同時に、村野藤吾という建築設計者の日本の近代建築の世界への登場もまた、単に〈合理〉性を追求する、近代の工業生産を軸とした産業界のための建築、つまり社会の〈昼間《デイタイム》〉の建築の体現者として登場する、単純な《モダニズム》の建築家という範疇には、とても納まり切れない存在であったことも明らかにしている。〈論理〉や、〈理性〉や、〈比率〉がすべてを支配する《合理主義》の、眩いばかりの明快さが支配する〈昼〉の世界とは対照的な、社会の〈夜〉の世界を相手にする設計活動を、村野はためらうことなく引きうけ、展開させていこうとしていたのである。（略）道頓堀の夜空に描き出される、寝そべってその幾何学形態を誇る女体のような「キャバレー赤玉」の建物の輪郭や、あたかも青年の男根のように屹立するその広告塔の形態と、その間で踊るネオン・サインを主体としたイルミネーションの線状や文字の形が齎《もたら》す、流麗で蠱惑的な動きと静止。こうして怜悧に組み立てられた全体的〈構成〉を生み出した切れ味鋭い輪郭や、各〈視覚単位《エレメント》〉の自立と、そのエレメント同士の対立と分節、等々の中で創出される、〈虚体的影像〉とでも呼ぶべき反形態的なイメージ表現の実現こそが、まさしく村野がここで主眼として目指していたデザインであったのだ。その意味で村野は電影的建築、つまり映画的建築を日本ではじめてここで創出したともいえ、その意味からすれば溝口健二がそれに注目したのも当然といえば当然であったといえるだろう。

（390〜391ページ）

前に述べたように『浪華悲歌』は夜のアカダマのネオンの光景から始まるのだが、やがてネオンが消えて空が少しずつ明るくなり、朝となる。夜の華やかで艶やかでもあるネオンの光から、その光が消え朝になってアカダマがまるで間の抜けたものに見えてくる。そして次のショットでは、道修町の製薬会社の住居部分が外からロングでとらえられ、無人のショットに画面外からうがいをする音が聞こえてくる。その音もまた間が抜けており、先程のアカダマの間抜けさと好一対をなしている。溝口はアカダマのネオンを使って「夜」と「朝（昼）」の反転した姿をみごとに描いたのだ。

ところで村野は、「建築一言／商業的一面」（『早稲田建築講義録』№8、1930年）［後に『村野藤吾著作集』同朋社出版、1991年、に所収］に面白い文を書いている。これはアカダマの設計にかかわった経験から書かれたものではないか。コント仕立てになっていて、登場人物は酒場のボスのAと建築家のCである。赤い灯、青い灯の道頓堀、酒場Aの改築落成の日だが、向かいのB酒場には小僧、小商人、モボら多くの客が押しかけているが、Aの方は客足がにぶい。AはBを見ながら言う。

A　やかましいほどジャズはあるし、電灯も装飾もなってないんです。とてもデザインなんかなっていないとあなたがクサされますから、あなたにお願いして、すっきりしたものにしましたが、ふしんしてから私の方のお客はすっかりBにとられてしまったんです。困るなあ……。

C　そりゃ行くやつがなっていないんです。低級だからです。T町へ行ってごらんなさい。そんなカフェは一軒だってありませんよ。

A　お説は何度もうかがってわかっております。私だってT町に行けばそうします。

C　O町だって、ゆくゆくそうなりますよ。しばらくお待ちなさい。

A　私の方は日歩のついたお金を使っているんです。待てないんです。そのときになればまた、そのときの気持ちに合うようにします。いま、いまが大切です。いやでしょうか。あのあくどい元のとおりのようなのにしていただけないでしょうか？

C　まあお待ちなさい。僕のやってるのは尖端的な流行型です。フランス風を加味したんですが、国民性と時代と環境に合った合理的の建築ですから……。

A　私の方は何式でもいいんです。一番もうかるやつがいいんです。客が集まるようなのがいいんです。

二人の言い争いは続き、語調がだんだん荒くなってくる。Aは言う。「このカフェーは一体だれのものです。私のものじゃありませんか。私の命と家族を養うために必要なカフェーです。あなたの高級や教養はご自分の家を建てるときに使ったらいいだろう。私はあなたに設計料を払っているんだ。金をやったうえに私の希望は達しられていないんです」。この時、Aカフェーを圧倒するようなBカフェーのジャズの音が聞こえてくる。

C　Bカフェーなんか、アメリカ式のヤクザなものです。頽廃的な表現派風のいやらしいものです。僕はあんなものをどうしてもやれません。いったい建築は建築家の人格を表現するものです。

A　なんですって……?!!　他人の建築を建てておいて自分の人格を表現するんだと……!!　だれがそんなことを頼んだ……!!　この建築を一番よく知っているものは私です。私は私の生活、私の魂を表わしてもらうためにあなたに頼んだんだ。

こうして二人の言い争いは平行線をたどる。最後に村野はこう記す。

読者諸君……このゆえに僕らはCおよびC式建築家の意識を疑う。その尖端的旧式を笑う。C式新派は、はからずも僕らの祖父の時代と隣り合わせであることを知る。高級とは、教養とは一体なにか。笑え、世間知らずの教壇的な題目を……。

建築は建築家のものではなく、まずはクライアントのものだという村野のこの考えは晩年まで変わっていない。

さて『浪華悲歌』出演の四つ目の作品『そごう百貨店』だが、その建築上のポイントはファサードにあった。

「そごう」の面するメインストリート・御堂筋は、大阪一の広い通りであるだけに、その見通しを利用して、遠望でまず人目をつよく惹きつけることが、デザイン上の第一の狙いとなった。そのためのアイデアが、トラバーチンルーバーの細い縦筋による壁面構成である。（略）ルーバーは（略）2階から最上階の8階まで、ぶっとおしに並べられている。これで、普通の窓と壁によるファサード、とくに階層によって区切ら

そごう

（『国際建築』1936年8月号）

れたという感じがまったくなくなり、ファサード全体が縦線のレリーフをもつひとつの巨大な面となって、マッスとしての力強い視覚効果がでてくる。
（浜口隆一・前野嶤「作品解説」『村野藤吾作品集　１９２８↓１９６３』２５６ページ）

そのファサードは淡い黄褐色のトラバーチン独特の色調がルーバーの凹凸に夢幻的な陰影を与えて、一度見たら忘れることのできない印象を与えていたものである。森五ビルをスタートに、大阪パンション、ドイツ文化研究所と、一作ごとに世評を高めていた新進建築家・村野藤吾は、「そごう」にいたって、その名声を建築界はもちろん、大阪市民の隅ずみまでゆき渡らせることになった。
（同右）

縦線を繁く並べてゆくデザインには、これよりもやや前に、ヨーロッパの建築家の間を風靡していた表現派の技法が、かなり影響しているといっていいだろう。有名なフリッツ・ヘーゲルのチリー・ハウスとか、実現はしなかったけれど、ペルチッヒやブルーノ・タウトなどの、幻想的な意想図などに見られるものである。しかし、この「そごう」の、トラバーチンを使ったルーバーは、明るい黄褐色の石面に陽があたると、ルーバー同志お互いに反映しあって、なんともいえず繊細でやわらかで魅惑的な光と陰の効果をだしていたあたり、表現派のドイツ的な暗く重い感じとはかなり違っており、やはりここにも、村野独特の個性が、強くにじみでていた。

（同右）

そごうの外観の意匠にたいするこうした評価に対して、福田晴虔は次のように違った評価を下している。

それはしばしば言われるようなドイツ表現派からの影響というよりは、ロシア構成主義のグラフィックな手法にはるかに近いものを持っている。竣工当時は、この壁面は夜間、色が刻々と変る照明でもって照らしだされていたという。それはまさにリシツキィやロドチェンコらの夢見た世界ではなかったろうか。

（「解説・そごう百貨店」『村野藤吾建築図面集・第一巻』同朋舎出版、1991年、27ページ）

藤森照信もそのデザインを「ロシア構成主義の流れに属し」ていると述べており（「解説」『村野藤吾著作集』824ページ）、長谷川堯は「後期《表現主義》とか、あるいは革命後のロシアで盛んであった《構成主義》のデザインに近いところもあり、これに《モダニズム》が一部加味されたもの」であると述べている（『村野藤吾の建築　昭和・戦前』４８２ページ）。『浪華悲歌』にはそごうの外観は写っていないから、残念ながらこの「トラバーチンを使ったルーバー」を画面上に見ることはできない。映画に写っているのはそごうの内部、その一階の売場と二階のパーラーだけだが、この「内部は一転してアールデコ調の豪華なデザイン」（『日本現代建築家シリーズ⑨村野藤吾』新建築社、１９８４年、22ページ）であったという。福田晴虔はこう書いている。

> 内部がほとんど改造されてしまっているためか、「そごう」と言えばその御堂筋側のモダンな外観が話題にされることが多いが、図面から見るかぎり、内部の瀟洒な意匠もそれに劣らぬみものであったように思われる。アール・デコの楽しさと艶やかな和風とを取り合せた大胆な意匠は、最晩年の華やかな作風とも通ずる官能性をたたえており、それはこの時期に手懸けた船の内装と同じ質をもっている。（略）日本の近代建築のなかにこうしたすぐれたグラフィックな意匠があって、それらが建築と微妙な独自のバランスを保っていたことは、もっと注目されてしかるべきであろう。それらはあとわずかその方向を推し進めていれば建築の形づくる空間を覆してしまいかねないほどの力を秘めており、全く未知の建築空間の可能性を指し示していたのである。
>
> （「解説・そごう百貨店」27ページ）

内部と外部を同じトーンによってまとめていくのではなく、異質なものの遭遇の面白さを狙っている点は森五商店と同じであろう。

また長谷川堯は『浪華悲歌』に映っているエレベーターや喫茶室について次のように書いている。

近づいて見るとわかるが、エレヴェーターの左右上下の壁面には華麗な色彩と模様のあるイタリア産大理石が一面に貼り巡らされており、またエレヴェーターの周りには、表面を細かい手描きの線で草模様を引掻くように描いたホワイト・ブロンズ合金のパネルが額縁状に囲んでいる。エレヴェーターのドア・パネルはさらに一段と工芸的な色彩の強いデザインで仕上げられており、黒漆を地とした極彩色の漆蒔絵模様で、樹木や鳥や草や花で構成した、島野三秋作によるきわめて日本的な装飾パネルが取り付けられている。

（『村野藤吾の建築　昭和・戦前』５０３ページ）

ショー・ウインドウの天井の先端からバルコニー風に立ち上げた幕板の背後に二階フロアがあり、そこにきわめて〈モダン〉な「喫茶室」が造られていて、コーヒーの香りや軽い音楽の調べなどがそこからホールに流れ出している。喫茶室のホール側は、腰壁から上に大きく高い開口部を持ち、そこからホール一階の人の動きや、床の一部を占めるその時々の商品展示の様子などを見下ろすこともでき、ホール空間とほとんど一体化している。喫茶室の街路側壁面は無窓で、当時の大きな現代絵画が何枚か掛けられている。（略）喫茶室のインテリア・デザインは、基本的には《アール・デコ》。しかし隣の「大丸」の《デコ》の装飾とはかなり異なり、全体的に図像は非常にシンプルで、ストライプ、チェッカー、市松《ペイン》といった、直線・直角による平面的で幾何学的なパターンが多用されている。これに軽快な籐椅子やテーブルが加わり、その頃日本でも流行し始めていたジャズの軽いリズムが似合いそうな、しゃれた雰囲気の一郭に設えられている。溝口健二の「浪華悲歌」にも実写《ロケ》で登場するこの「そごう」の喫茶室の空間が、やがて戦後、同じ心斎橋筋に面した場所で村野が設計した、喫茶店建築の名作「プランタン」（1956）の、あの吹抜けのある空間としてやがて甦った、と考えることができるかもしれない。

（同右、５０４〜５０５ページ）

また注目されるのはそごうの内部に施されている和風の色彩である。例えば二階の貴賓室の内装はほとんど和室仕様に近いもので調えられており、五階には茶室・水屋・待合などから成る数寄屋の空間が設定されていた（長谷川堯『村野藤吾の建築　昭和・戦前』５１１〜５１９ページ）。近代的なビルの中に茶室を作るという「和風、洋風が綯交ぜになったインテリア・デザイン」（同、５１３ページ）を村野は戦後になって千代田生命本社ビルなど幾つかの作品で行っているが、その嚆矢でもあった。村野が茶道を習い始めるのは戦時中の1940年代のことのようだが、村野は1930年代から和風の建築も手がけており、「洋」一辺倒にはならずに、「洋」と「和」をいかに調合していくかは村野の終生の課題であった。それは「二つの流れのコンデンス」を目指す溝口と共通の課題であったろう。

第三章

村野藤吾と溝口健二

一、「サムシング・ニュー」と「二つの流れのコンデンス」

これまで見てきたように村野藤吾は１９３１年から１９３５年にかけて、ドイツ表現主義、アムステルダム派、デ・ステイル、ロシア構成主義、インターナショナル・スタイルなどの影響を受けつつ、独自の作品を次々に設計していった。その村野の作品を溝口が『浪華悲歌』においてつも引用（アカダマ、そごう、ドイツ文化研究所の三つは直接画面に登場し、大阪パンションはそれをヒントにセットを造り上げた）していること、なかでも大阪パンションというインターナショナル・スタイルに最も近い最尖端の建築に溝口が注目し、それをモデルにして浪華パンションという空間を自分の映画で作りあげたことは、１９２３年に表現主義映画『血と霊』を作った溝口の変わらぬアヴァンギャルド芸術への関心を物語っていると言えるだろう。そしてそれは晩年の溝口をも貫く特質であった。溝口と製作をともにした辻久一はこう書いている。

「西鶴一代女」は、国内では、一部の人々の理解ある批評を受けたに止まり、一般の好評を博するまではゆかなかつた。（略）溝口作品の内面化が、もつともあきらかに見てとられたにも拘らず、溝口のゆき方は、非常に個性的だつたので、それをあとづけ得る観察者は少なかつた。個性的だというのは、溝口が、東洋の伝統（それは、同時に、彼の身についた趣味でも教養でもある）と、西洋の前衛的な動き（それは、彼が自分の身につかぬものとして、絶えず貪欲につかみとろうと、こころみたもの）で、融合させ一致させたいという方法である。／溝口は、その教養の基底に、西欧のヒユーマニズムに発する思想と芸術とを持たぬことを、終始、「気にし」ていた。それが、自分に欠けているという自覚はあつたが、西欧の思想と芸術を、うのみにすることは、頑として拒んだ。彼は、自分の立脚点である東洋の美に立つて、コンデンスを試みたのである。たゞ、そのやり方が咲いた花だけをきり取つて接木するという直接法で、根からうつしかえるという予猶《（ママ）》と用意を欠いていたから、いわば「我流」の、個性的方法となり、ひろい理解を招くことが出来なかつたのである。

（「溝口健二の芸術〈下〉」『時代映画』１９５６年11月号）

（『雨月物語』で=佐相註）私がもつとも強く感銘したのは、溝口がどんな場合にも、オリジナリテイを忘れないことであつた。どんなによく出来た場面でも、常套で、類型があつたら、惜しげもなく捨ててしまつた。他人のしないこと、まちがいのない自分だけのもの、正真正銘の独創をつくり上げるという態度は、全く一貫してその後の仕事にも続けられた。

（同右）

村野は1984年に九十三歳で亡くなるまで第一線で活躍し、戦後には世界平和記念聖堂、読売会館、日本生命日比谷ビル（日生劇場）、千代田生命本社ビル、カトリック宝塚教会、箱根樹木園休息所、日本ルーテル神学大学、谷村美術館など数多くの独創的な設計作品を残した。その村野が八十八歳の時にこんな発言をしている。

つまりね、こだわらないで、絶えずサムシング・ニューでやっていく。社会的条件は非常に変わっていくでしょう。それに対応してやっていくには、ひとつのことだけいったり理屈だけいってたってダメですよ。絶えずサムシング・ニュー、これをやらないと。

（「社会的芸術としての建築をつくるために」『新建築』1980年1月号）

建築における時代の最尖端の動向を取り入れつつ、それをイズムとして祭り上げることのなかった村野。しかも保守的に退嬰化することなく、常に新しさを求めて独自な作品を作り上げ

日生劇場内部

（別冊『新建築』1984）

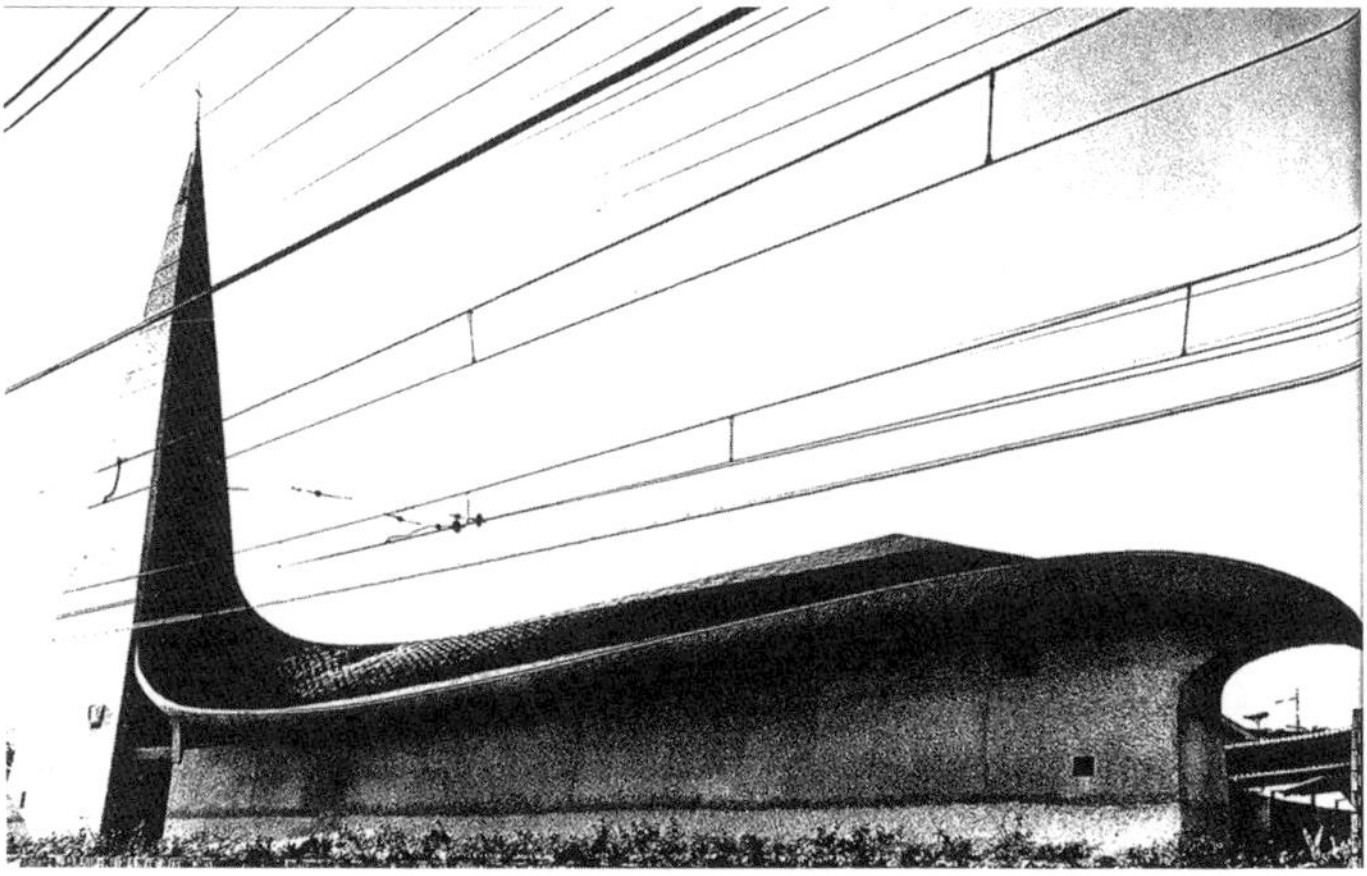

カトリック宝塚教会

(『村野藤吾のデザイン・エッセンス３』)

谷村美術館

(別冊『新建築』1984)

ていった村野にふさわしい発言というべきだろう。村野のこの発言を読むと、その隣に溝口の次のような発言を置いてみたくなる。

私はひたすら真実を描かうとつとめてゐます。真実を描く糸口となるものは現実の凝視と冷静な観察からはじまると思ひます。現実そのものが決して真実ではないでせう。しかし、真実はそこから掴みとるべきです。概念でもつてものを観察し判断することがいちばん悪いことです。いつでも白紙になつて純粋な眼で正しく現実を見つめることが必要です。私は小器用に既成の興味を心得て巧みにとり入れることがいちばん悪いことだと思つてゐます。それはマンネリズムを生みます。真実はいつも新鮮で興味のあるものに違ひありません。

（「真実を描くこと」『シナリオ』第８輯、１９３８年10月）

さらに溝口についての水谷浩（『西鶴一代女』等の美術を担当）の発言も。

若い監督にこゝで（松竹京都撮影所＝佐相註）何か新しいことをやつてみようともちかけても、てんで〝面白がって〟くれない。その点は溝口健二ですネ。何でも〝面白がって〟のつてきてくれる。やっぱりアレが芸術家ですよ。

（滝沢一「オープンセットへの幻想」『映画評論』1953年8月号）

溝口の「新しもの好き」は有名である。それは時に軽佻浮薄というイメージのもとに語られる。例えば『噂の女』（1954年）の録音助手についた橋本文雄はこんなエピソードを語っている。

あの作品の音楽は黛（敏郎）さんがやられたんですが、黛さんは、当時、フランス留学から帰られたばかりで、まだ二十代でしたか（1929年生まれ＝佐相註）、それで大映京都の撮影所に現われたときに、カールのかかった長い髪、黒のピチピチのズボンに、爪に真っ黒のマニュキュアという過激な格好をされていた（笑）。時代劇専門の活動屋さんたちは、もう、口をあんぐり開けてびっくり。ところが溝口さんだけそうじゃないんです。あの人は新しもの好きだから、そのスタイルがすっかり気に入って、いっぺんで黛さんにイカレてしまった（笑）。それで、そのとき黛さんは、クラビオンという、まだ出だしの頃の電子楽器を持ってきて、それを使ったんですが、溝口さんはそれがすっかり気にいってしまった。オルガンみたいな音で、プーピーポーピーなんて音を出すだけなんだけど、「これは、女の哀れさが出ている、いい音です」という（笑）

（橋本文雄・上野昂志『ええ音やないか』リトル・モア、1996年、71ページ）

確かに、溝口が表現主義映画をつくり、マルセル・レルビエを模倣し、傾向映画の先鞭をつけ、いち早くトーキーに手をつけるという動きを追っていくと、何か前につんのめるように新しいものを追っているという印象を受ける。それは、確固とした地盤の上に「サムシング・ニュー」を追い求めていく村野の落ち着いた姿勢との違いを際立たせる。それに比べると溝口の「新しもの好き」は単に流行に振り回されているだけのように見えなくもないのだ。だが、溝口の「新しもの好き」は単なる「新しもの好き」ではない。二十八歳の若き溝口がその「思ふことなど」に書いたように、「二つの相対立するものをアレンジし、コンデンス」するための「新しもの好き」なのだ。彼は１９２６年に『紙人形春の囁き』を創った時点でこう書いている。

「紙人形春の囁き」の撮影で、如何にして江戸情調を点出し江戸趣味を高調するかについて徹底的に苦しんでゐるうちに、江戸情調、江戸趣味の映画化について自から一種のアレンヂが出来た。今まで矛盾し離反した二つの流れを唯一つのものにコンデンスすることが出来た。

（「思ふことなど」『日活』１９２６年６月号）

「二つの流れ」とは、一つは歌舞伎や落語を愛する江戸趣味の溝口であり、一つはカフェやダンスホールに魅了される「新しもの好き」の溝口である。自身の中にあるこの「二つの流れ」を『紙人形春の囁き』において初めて一つのものに「アレンヂ」し、「コンデンス」することが出来たと若き溝口は語っているのである。自分の身についている「古きもの」とぶつけ合わせ、より高度なレベルに到達するための「新しもの好き」なのだ。それは辻久一の言葉を借りれば、「常套」や「類型」を嫌い、「正真正銘の独創」を求めていくために必要な栄養素であったと言えるだろう。一見、軽薄にも見えかねない溝口の「新しもの好き」とは、マンネリに陥らず、絶えず自分の過去を否定・破壊し、独創を生み出していく精神であった。

溝口は、「溝口健二芸談」（筈見恒夫『東京新聞』1950年8月6日）でこう語っている。

それまで、下町ものや、明治ものをとつていたけれど、そうだ「浪花悲歌《ママ》」や「祇園の姉妹」あたりから、自分でも人間に対する観察というのか、ものを見る目がふつ切れて来たと思つている。／ワン・シーン――ワン・カットというキヤメラをロングに置いて、カツトを使わない芝居をやつたのは、あのころからだね。（略）人間の心理を盛りあげて行きたいから、あゝいう手法を、自然と選んだんだね。／一つの構図の動きの中で、人間の心理が盛りあがつて来る。そいつを、カツトして、ポツンと切るのが惜しくなるんだ。そのまゝ、押せるだけ押していきたい。それが、あゝいう手法になつたんで、とくに意識したり、奇をてらつたりしたわけじやない。永い間、サイレント映画の芝居から脱し切れなかつたぼくは、あのころ、クローズアップによる心理描写から逃れようとして、いきおい、あゝいう手法を選んでしまつたんで、むろん、ぼくのようなやり方だけが、正しいなんて思つていない。／現にぼくにしたつて、いわゆる溝口流の手法や、題材にばかり、執着しているわけじやない。サイレントにはサイレントのとり方があり、トーキーにはトーキーのやり方がある。これが、テクニカラーになれば、もう一勉強して、テクニカラーのとり方を学ばなければならない。その意味からいつても、映画監督は永遠の青年でなければダメだよ、君。

この溝口の精神は、主義やスタイルにこだわらずに「絶えずサムシング・ニューでやっていく」村野に通じるものがあるだろう。

前に述べたように、溝口は「二つの流れのコンデンス」という考えを1926年の「思ふことなど」で初めて公にしたが、そうした考えはその後も変わらずに表明されていた。

リアリズムの根底はデッサンであって、そこからイメージや発展が生れてくるのが映画ですよ。糞リアリズムを追求するのが芸術ではなくて、何か作者の持つイメージ、個性、そこから創作が生れると思います。例えばゴブラン織みたいな、多彩な、個性の豊かな、そういったものがないから、そこに日本映画の貧困だといわれる点があるのでしょう。（略）

『雨月物語』もそういう意味で、ファンタスティックな、象徴的なものがうまく出れば成功です

（「ゴブラン織のような多彩な映画を」『映画ファン』１９５３年２月号）

大体、日本映画はリアリズム一点張りでしょう。それだから進歩せんのだよ。アブストラクトの要素を入れなきやいかんと思うんです。スュールな表現が、大へん大切じやないんですか。

（清水千代太「女の執念　溝口の執念　『雨月物語』のセットを訪ねて」『キネマ旬報』１９５３年３月下旬号）

現実と非現実はギリギリのところで交錯し、その秩序は、一貫して保たせてありますが、さらに強烈さを要求する場面には、はげしいディフォルメーションと、超現実主義、とでもいうような拡大を行っております。／しかしながら、物語はあくまで日本のものであり、東洋の神秘なのですから、変形といい、拡大といっても、日本の文化的遺産のもつ無類の美しさを標準とし、基調としています。

（「『雨月物語』について［一九五四年のハリウッドでの講演原稿］」『別冊太陽　映画監督・溝口健二』平凡社、１９９８年）

ここで溝口は、〝「リアリズム」・「現実」〟と〝「ファンタスティックな、象徴的なもの」・「アブストラクト」・「非現実」〟という「二つの流れのコンデンス」について語っている。そしてこうした二つの相異なるものを統合しようとする意志は村野のものでもあった。

長谷川堯は『村野藤吾の建築　昭和・戦前』（鹿島出版会、２０１１年）において次のように書いている。

> 一九三一年に完成した「森五商店」と、一九三二年に竣工した「大阪パンション」という、村野藤吾の目覚ましい初期の仕事を代表する二つの作品は、この《合理主義》と《機能主義》という、近代建築学が設計活動上で関わりを持たざるを得ない対立的な両極、いわば北極と南極といった二つの極点を、それぞれに強く体現させながら、一九三〇年代の初めの日本の都市空間に出現した。実は村野のその後の半世紀に及ぶ長い設計活動の軌跡は、その二つの極のうちの、その一つを正解として選択するために歩く、といった設計者としての軌跡ではなく、この二つの極の間で、ある時はそのどちらかの磁場により強く傾いてそれに近づき、また別な作品を設計する時には、その両極の磁場をバランスよく絡ませ調和させながら柔軟に対処する、といった柔軟でしなやかな対処方法のなかで、まさしく確信犯的に〝ゆらいで〟いたといえる。（略）彼の設計は、彼の建築家としての身体の中における、その二つの磁場のダイナミックな鬩ぎ合いを原動力とすることによって、さまざ

まな魅力や変化に満ち、さまざまな光彩を放つ建築を創出し続けていくことができたともいうことができるのである。

（331ページ）

ここで長谷川のいう「合理主義」とは、世界を鳥瞰的に把握し、理性的・客観的に統率・管理する手法であり、「機能主義」とは、生きている個体が世界へと働きかける主体的な思考方法をいう（同右、329ページ）。そしてここで長谷川が村野について指摘している「二つの磁場のダイナミックな鬩ぎ合いを原動力とする」という点は、基本的には溝口の「二つの流れのコンデンス」と相似たものであるといえる。そしてこのことは村野と若干の関わりのあったドイツの建築家ブルーノ・タウトについても言えることなのだが、その点については後の「四、ブルーノ・タウト」でまとめて述べてみたい。

二、資本論・弁証法・ヒューマニズム

村野藤吾は建築の経済的側面を重視した。それは彼が大阪の建築事務所に勤めて修業したからだと言われている。東京の建築家のように公共建築に主に携わるのではなく、商業建築に携わり、渡辺節から儲かる建築を作れと言われたことが大きいという。つまり、政治の東京に対

し、経済の大阪と言われているように、資本主義経済システムの中で利潤をあげ、組織として経済的に生きのびていくことをまずは考えなければならなかったのだ。学生時代にいわば芸術志向であった村野は、勤めるに及んでそのシステムにぶちあたり、葛藤することになった。その結果が激ヤセであった。そして村野は煩悶の末、とりあえずの結論に達する。「建築の経済的環境」(『建築と社会』1926年1月号)で村野は、「建築も亦一ケの商品に過ぎない。最早吾々はスタイルを創造することは出来ない、只同じ形式の下に於て異った嗜好を表現し得るばかりなり」、「営利的見地より、その利害得失を打算し建築を維持する方法を攻究して、投資に対する相当の利潤を挙げんとする行為を、建築家は決して等閑に附すべきものにあらず」と述べる。しかし石田潤一郎「村野藤吾における建築経済学的思考」(『村野藤吾研究』第2号、2011年)に紹介されている1928〜1929年の『デザイン』誌に掲載されたいくつかの村野の文を見ると、労働者を抑圧する資本主義のあり様に憤り、ウイリアム・モリス的な社会主義に共感していることが判る。前に述べたように村野は渡辺節のもとから独立した後にヨーロッパを巡る旅に出るが、その目的は革命を経たソヴィエトの建築と社会を見ることにあった。ソヴィエトの社会主義の現実は資本主義の矛盾を止揚するものであるかどうかを自分の目で確かめたいという村野の願望があったことが判る。その結果、村野はソヴィエトの現実はそういうものではないと実感したのだ。そうして外遊から帰ってしばらく経った1933年に村野は「日本に於ける折衷主義建築の功禍」と題した講演を行う。そこで彼はまず日本の折衷主義建築を「過去二十年間、即ち大正の中期から今日まで引続いて建てられ、或は建てられつゝある所の各国の様式を採つた建築或は其の後日本に於て次第に転化しつゝある所の主としてスタイリツシユな建築」と定義した上で、その折衷主義建築が、「近代生活と相容れなかつたかどうか」、「経済機構及び利便即ち便利さと相容れなかつたかどうか」、「機械的設備及び近代的な色々な内部的設備が欠げ《ママ》て居たかどうか」と設問し、これらの条件を折衷主義建築は完璧とはいえないにしても具有しているのだから、その点では非難されるいわれはないと結論づける。そして折衷主義建築に対する非難は主に視覚的方面則ち建築の美についてであろう。ところがこの美に対立するものとして経済価値があり、折衷主義建築が経済価値（利潤）をもつとすれば、それを悪いとすることができるだろうか。ここにきて新興建築家の折衷主義批判はその中心を突かない。こう村野は述べる（以上、講演の内容は『建築と社会』1933年6月号による）。

このように村野は建築の経済価値（利潤）を重視したのだが、溝口もまた映画の経済的側面（興行価値）について考えていた。1926年、『狂恋の女師匠』を製作した時、幼馴染みの川口松太郎が初めて溝口のシナリオを書いたのだが、その時川口は溝口からしきりに興行価値を考えて格闘やら花火やらを入れたらと提案されたという（拙著『溝口健二・全作品解説4』近代文藝社、2005年、271〜272ページ）。この点は戦後も同様で、溝口の死まで助監督としてついた宮嶋八蔵は、先生の口癖は、どんなに忙しくても、どんなに悪い状況の時でも必ず客の木戸銭のことを考える、ということ。客は木戸銭を払って映画を見に来てるんです。それに対して監督は責任を持たなければならないと。

（「割らない、踊らないキャメラ」『ユリイカ』1992年10月号）

と語っている。溝口は常に商業映画の枠の中で仕事をしていたのであり、映画の興行価値＝経済価値をふまえて、その中でどう自分の考えを作品に盛り込んでいくかを考え、闘っていたのだ。溝口はそのへんのところをこんなふうに語っている。

われわれは映画製作にあたつては自費出版の如き自由さを有ち合はせてゐないが故に、必要なことは、甘い素材をからく演出することにある。甘い素材を甘く演出することの無反省な態度は嗤はれて宜い。仮令それが現在の撮影所に働くわれわれの運命であるとしても、素材の甘さによつて妥協しながら、一方に於て、演出に映画的な高さを追求することを閑却してゐてはなりませぬ。

（岸松雄「溝口健二とトーキー以前」『キネマ旬報』1934年4月11日号）

溝口は村野と同じような位置に立ち、同じようなことを考えていたのだ。その意味で、「日本に於ける折衷主義建築の功禍」はそれを溝口が知っていたかどうかは別にして、溝口にとっても痛切なことであった。溝口は甘い素材を辛く演出するところに、商業主義の中で自らの芸術性を実現していく方法を見出しているが、村野もその講演の最後に、何やら奥歯に物のつまったような次のようなことを語っている。

以上私は大分折衷主義の建築に対して好意を有ち（略）又さう云ふ風に私の話を進めて来たやうに存じて居ります。（略）併ながらそれにも拘らず私は私自身の此の結論に対して一つの疑を有つて居ります。之に対して完全に同意し得ない一つの観念が私には生じて居ります。（略）此の私の不満が果して正当なる道を辿るか否か、今後此の結論が正当なる道を踏むであらうかどうかと云ふことは諸君と共に今後の努力に俟つより外ないと考へて居ります。

村野は戦前から戦時中にかけて河上肇の『資本論入門』を読み、いつの頃かはっきりしないがマルクスの『資本論』を読み始める（神子久忠「解題」『村野藤吾著作集』同朋舎出版、１９９１年、川添登「村野藤吾とマルクスの『資本論』－２」『近代建築』２００７年2月号および石田潤一郎「村野藤吾における建築経済学的思考」参照）。そして晩年に、資本論に裏付けられた資本主義社会の現実認識をふまえ、村野は建築が「資本」を無視しては成り立たないことを強調する。次のようにである。

たとえばひとつの建築をデザインするでしょ。そうすると何十億、場合によっては何百億という金をまかせられるわけです。昔だったら、三井家とか岩崎家とか、自分のものを自分の金で自由にやれた。ところが今日ではそういう金はない。政府の金といっても税金でしょう。銀行の金はみんな預金者の金でしょう。いろんな金が集まってるわけ。結局自分の金というのはないわけです。そうすると複雑になってきて、各方面の人がみんなそれに関係してくる。それに対して私は、建築家は徹底して謙虚でなくてはならぬ、というのです。そういう人たちの話を十分に進んで、聞く、それに耳を傾けて謙虚でなくてはね。資本というものを通して、社会が監視しているわけだ。（略）私がよくいう言葉ですが、99％のところまで、それでみんな出てくる。（99％までは建築家は謙虚に後に引いて聞く）。そこまでは理屈でいえるわけです。つまり二二《ににん》が四のように割り切れることなわけです。なんたって社会は「数」ですから、みんな「数」にかかわっているわけだから、割り切れる。「数」の中へ入ったら、弁証法というものがあるわけです。それからいろんな問題、矛盾だとかの問題があって社会は動いていく。（略）そして私たち建築家は、つくっているうちは手塩にかけて、自分の孫のように大事にして仕上げて、そうしてできたものをクライアントに渡す。（この時に）、建築はもうひとつの新しい局面を迎える。クライアントに渡すということは、社会に渡すということと同じです。つまり自分のやった作品というものが、社会において評価し直されるわけですね。この再評価される、ということは「数」（量）の世界の中に入るということです。勘定できるものに変わるわけです。建築の仕事は、建築「作品」なんていう甘い性格のものではなくなってくるのですよ。だって、もともとが「資本」でしょう？　それを組み立てて、新しい目的のものにつくっていく。／クライアントに関してはまったく無慈悲ですね。マルクスの言葉にあるんですが、無慈悲で平等で、非常に残酷、冷酷に扱われる。これが建築が世に出た時の姿（運命）ですよ。それというのも、（建築が）「数」に変わった、つまり社会的なものになる、勘定ができる、ということは「資本」をまたもとに戻さなくてはならない。そこから得られたものは、「建築は芸術なり」などという甘い性質のものではないですよ。

（「社会的芸術としての建築をつくるために」『新建築』１９８０年1月号）

しかし、村野はただ資本主義社会における「資本」の重要さを語っただけではない。その先に村野独得の1％の理論が大逆転の論理として語られる。

ところが（99％引いても）1％は残る。それが村野です。私はいつもそういうんです。村野自身でさえどうすることもできない1％なんです、これは。いくら理屈をいったたって、村野に頼んだ以上、村野をどうすることもできないでしょう？　ほんとうの建築はそこから始まるんじゃないか。その1％が、時によっては建築の全体を支配することができるかも知れない。（略）しかし、しかし建築家はそれでも（1％のものとして）依然としてあ・る。ルネッサンスというのはそこから始まるんだというのが私の結論なわけです。ルネッサンスというのは、ほんとはそこから始まるんだから！　というのもね、そんなことをいっても建築はやっぱり芸術なんだから、これは。現実に芸術なんですよ。だって村野はやはり残っているんだもの。1％の村野はやはり消すことはできないんだ。いくら社会化したといっても、あるいは数になったといっても、村野は残っている。／ただね、その時は、村野の作品ではなくて、村野の関係した作品ですよ。だから建築が芸術であるならば、社会的な芸術として残るだろう。村野という名前は、たまたま関係しただけの話で、村野ひとりの作品だ、などというような甘い話ではないのですよ、ね。なんたって社会がある。これが近代建築の性格だと思う。昔はそうじゃない。（建築は作者の作品として通った）。近代の芸術というものは、社会一般の人がそこから受けるんだから。みんな生きてるんだから。だから社会の人に対して、建築を大事にしなさい、愛しなさい、傷つけてはいけない、ということがいえる。それは村野を生かすためじゃないでしょ。建築自身を生かすためのものじゃないか、と思います。傷つけることは自分が自分の頭を、自分の眉間を傷つけることと同じですよ。建築を大事にする、ということはそこからくる。いつまでも（設計者が）自分のものだと考えていては大間違いですよ。

（同右）

資本主義が建築家に強制してくる、数で割り切れる99％の現実に対し、それでも1％の芸術化の世界は残るという村野の論の背景には、彼が資本論によって学んだ弁証法の理念がある。村野はこう語っている。

矛盾ということは、それを自分の力で解決することにより、自分を高める原動力になるものと思います。矛盾とはものごとを進める一番大切なファクターだと思っています。社会はそれが進歩の過程にあれば、必ず矛盾をはらんでいるものです。資本家的社会の原動力——自転の原動力でありいわゆる弁証法の原点のようなものではないかと考えます。

（「わたくしの建築観」『建築年鑑』美術出版社、１９６５年、引用は『村野藤吾著作集』による）

数は今日の社会である。しかし、一と二の間に、無数の数がある。これが、大切な問題だと思います。／私のいう、ヒューマニズムとは、それを探求することです。（略）それがね、次の時代に移っていくのではないかと思う。全部知っているわけではないですが、弁証法とは、そういうものではないでしょうか。そこから発達する。必ず矛盾が出てくる。ある場合には、矛盾の形で行くでしょう。それを解決していくことによって、次の飛躍になるわけです。／一と二だけでは、飛躍にならない。ザッツ・オール（That's all）になる。私流の解釈はそうです。いくらか資本論を読んで、やっぱりそれは資本論からきているようです。そういうふうに私は理解している。／見える世界に終始するということは危いです。ザッツ・オールです。見えない世界に気がつくことが大切ですね。それはね、矛盾の形で出てくる。これは弁証法と同じです。飛躍があって、世の中は必ず移るでしょう。移っていく力はそれだと思います。（略）物を解決しましてね、こう思うんですが、今度はこれでこう解決しますね。そうすると、そうでないものがあるんではないかという疑問を持ちますね。（略）今度はこれでやったけど、果たしてこれでいいかなというものが残っている。これが大切な問題だと思います。建築家の本質というものは、そこにあるのではないでしょうか。（略）自分の作品を例にとって申し上げれば、綿業会館のようなスタイルをやって、その次は〝そごう〟のようなものができるでしょう。普通には考えられないことですが、何がそれを生むかという問題ですね。いつでもそれができるという問題ね、これを訓練すれば、必ずどんな場合でも解決して、矛盾のないものがでてくるんじゃないか。一つ一つの矛盾を解決していく力は、第三のものを、自分がいつも考え思索し、それから訓練するということになる。（略）あの人はこういうスタイルだ、あの人のやり方はこうだ、これはないですよ。私にはそういうスタイルというものがない。(略)だって刻々に変わっていくでしょう。(略)刻々と変わっていて、何が一定かということは言えない。それを最初から決めてこの中に住みなさいということは、なかなか言えないことですよ。それは僭越ですよ。それは建築家が決めるものではない。社会が決めていくものと思います。

(『建築をつくる者の心』ブレーンセンター、1981年、95〜98ページ)

このような村野の「矛盾」「弁証法」についての考えは他の人にも察知されていた。例えば次のような発言である。

笠原:村野の何が面白いですか。
宮本:矛盾。矛盾感ですよね。近代と近代以前の様式の中であえいでいる感じがいいのかな。
笠原:そう。僕も、近代のあらゆる問題を全部ひきうけて、矛盾もそのまま背負っている人だという感じがします。それが面白い。だから読み解けないんですよ、完全には。
(「インタビュー:宮本佳明氏に聞く」『村野藤吾建築設計図展カタログ10 アンビルト・ムラノ』京都工芸繊維大学美術工芸資料館村野藤吾の設計研究会、2008年、聞き手

は笠原一人）

そして「1年余をかけて、数件の住宅を除いて現存するすべての村野藤吾の建築作品を撮影した」写真家・小林浩志は、『村野藤吾の建築とは何か』という夢」（『村野藤吾建築案内』TOTO出版、２００９年）において、村野九十二歳の時の作品、谷村美術館（１９８３年）を撮影した後の印象を次のように記述している。

> 撮影を終え表に出て感じたのは、清々しい気持ちと同時に寂しさだった。／内部と外部の落差はなんだろう。外観はうずくまる岩のようでもあり、蟻塚のようでもある。内部の艶かしさと対照的に無骨なまでに枯れている。この違和感は彼の建築に接してたびたび感じていたことだったが、これほどはっきり心に浮かんだことはなかった。／「華やかさと侘しさが、沸き立つ心と寂しさ」。／絶対に矛盾した情念を対立させたまま、１つの建築の中にそれが存在していた。／西田幾多郎のとらえた日本文化の特徴、「絶対矛盾的自己同一」という相容れない要素を並立して存在させる考えと相通じるものがある。
>
> （２７０〜２７１ページ）

西田幾多郎（１８７０〜１９４５）ということで思い出すのは、溝口が「西田幾太郎《（ママ）》氏や、後には柳宗悦氏などを加へた会に加入してゐました」と語っていることである（岸松雄「溝口健二」『キネマ旬報』1933年7月1日号）。おそらく1924年から1929年までの間のいつかのことであろうが、溝口が西田の「絶対矛盾的自己同一」という考えになじんでいたことが類推できる。溝口にもまた弁証法的な思考法があったのだ。溝口が書き記したものを見ると、「映画監督の生活と教養」（『映画演出学読本』大日本映画協会、1940年）でヘーゲルの言葉を引用したり（4ページ）、弁証法にふれて次のように述べていたりする。

見落してならないことはこの一般的なるものと、その一般的なるものの中にある特殊なるものとの弁証法的法則である。一般的なるものを知らないでは特殊なるものは発見出来ないだらうし、特殊なものばかりに眼を奪はれるものには遂ひに一般がわからなくなり、一本の木はみることが出来ても、その木の叢生する雄大な森林は遂ひにわからないでしまふだらうからである。／演出家が一本の映画を成功的に製作するには演出家であると同時に俳優でもあり、カメラマンでもあり、対照的には正反対の側にある観客でもなければ、本当に良い映画を作ることが出来ないと云はれるのも一般的なものと特殊的なものとの弁証法的法則を知ることとの必要を説いたものなので、若し演出家が映画的にのみ物をみようとするならば、その人の作る映画には何らの社会性もない、かつての前衛映画のやうなものしか生れないといふことになり、一般観客から見離されたその演出家は、生存権さへ否定されてしまふだらう。

（5〜6ページ）

演出家は従つて常に全体を失はないやうに心掛け、全体の部分としてのセクションなり、更にそれの細分化されたものとしてのカツトを考へなければならない。映画があらゆる芸術の中で最も弁証法的性格を持つ芸術であると云はれるのも、さうしたところを指して云ふのであつて、映画の芸術が弁証法的であればある程、それを形象化する役目を荷ふ演出家は論理的に自己の演出プランを立て得るやうに自己を鍛え上げなければならない。

（28ページ）

この文は文体等から類推して溝口自身が書いたものではない可能性が高いが（拙稿「二つの流れを唯一つのものにコンデンスする」『溝口健二著作集』オムロ、2013年参照）、溝口が弁証法的思考をしていることは、二十八歳の時に書いた「思ふことなど」（『日活』1926年6月号）という文に窺うことができる。前に述べたように、そこで若き溝口は、自らの中には、江戸情調への嗜好と、現代人としてのカフェやダンスホールへの憧れという「矛盾し離反した二つの流れ」があったのだが、『紙人形春の囁き』においてこの「二つの流れ」を「アレンヂ」し、「唯一つのものにコンデンス」できた、と述べているのだ。ここには二つの相対立するものを止揚するという「正」→「反」→「合」という弁証法的な思考法があるといえる。この「矛盾し離反した二つの流れを唯一つのものにコンデンスする」溝口の精神は村野に通じている。小林浩志は先の引用に続けて更に書いている。

村野藤吾は日本の文化に正面から向き合った建築家だ。しかも片足は日本文化、もう一方の足は現代建築にのせて二股をかけた建築家だ。村野藤吾が創り出した作品は、巨大な空間と職人技の繊細な造りとを融合させる離れ業をなし遂げている。だから巨大な空間も「手の中に収まってしまう工芸作品の端正さと愛おしさ」を感じさせる。／まずは何も考えずに村野藤吾の建築に向き合うことだ。／饒舌なストーリーテラー、村野藤吾が語りかけるのを待つことだ。

私もまた溝口健二の映画の一つ一つに向き合うことによって、性急に結論を出すことなく、溝口健二が語りかけるのを待つことにしたい。矛盾の集合体のような巨大さをまるごととらえる作業は永遠に続くだろう。

さて、資本論と村野ということで、もう一つ指摘しておきたいのは村野の次のような発言である。

マルクスはやはりヒューマニズムだと思う。マルクスがこれだけ多くの人に影響を与えたのは、資本論がわかりやすいということ、科学的であることによると思うが、その底にあるものは産業革命の結果としての矛盾にたいするヒューマニズムを書いているものだと思います。

（「建築家の人間形成」『SPACE MODULATOR』１９６０年1月号。引用は『村野藤吾著作集』による）

「産業革命の結果としての矛盾にたいするヒューマニズムを書いている」というのは、『資本論』の第一部「資本の生産過程」第三篇「絶対的剰余価値の生産」第八章「労働日」においてマルクスが十九世紀中盤のイギリスの労働者の過酷な労働条件を書いたところを念頭においているのかも知れない。

あるいは、

〝人の手が物をつくるのです〟――そう言われる先生の愛蔵の書がDas Kapitalであったことは極めて象徴的である。人間の手が資本と機械力の中に埋没してゆく社会経済のメカニズムを知ることとなしに人の手を再び建築のつくり手として登場させることは不可能であることを先生は御承知であったに違いない。

（高橋靗一「真から草への手の証し」『住宅建築別冊・村野藤吾和風建築作品詳細図集・2ホテルの和風建築』建築資料研究社、1986年）

というように〝疎外〟の問題を考えていたのかも知れない。いずれにせよ、マルクスの資本論の背後にヒューマニズムを読み取るという村野の考えは、村野の建築観に通じている。村野は既に早く1919年の「様式の上にあれ」で、現代建築様式の問題を解く鍵を「科学をヒュウマナイズする以外にわれらに残されたるなんらの方法もないと信ずるものである」と喝破しており、そうした考えの背景には大正デモクラシーの影響があることは「第二章一」に書いたが、その考えは戦後になって資本論によって裏打ちされたわけである。村野は終生、建築とヒューマニズムの問題を考え続けてきた。村野は晩年に受洗するが、その村野にとって聖書と資本論が同じように重要であるというのは「ヒューマニズム」という思想が両者を媒介しているからであろう。

その関係を出来るだけやわらげ、土地と建物が喧嘩せず融和している、大地の上に突っ立っているのではなく、大地の中から生え上がってきているという、つまり、私の言葉でいえば、無抵抗で平和な表現となることを現わしたいと願っています。これが私の作品に対する根本の姿勢です。（略）建物が自然にその使命を終えてまた再び土（自然）に帰っていく――この思想が、私の精神のよりどころであります。／広島カソリック教会世界平和記念聖堂（昭和28《ママ》年）、日本ルーテル神学大学等、建物の面の仕上げをはじめ、建物全部に対して、だいたいこの考えを貫きたいと考えたつもりです。建築に於けるヒューマニズムなどという事にかかわることにもなるかと考えますが、この言葉の解釈は生産や経済などの、近代社会における私の考え方にも共通するものと考えています。

（村野藤吾「私と教会建築」『ひろば』１９８０年5月号）

藤吾の息子の漾は父のヒューマニズムについて次のように語っている。

（河上肇の『資本論入門』を＝佐相註）いつ読み出したのか知りませんけれど、戦時中の建築のできない、たいへん苦しいときにも、これを座右の本として読んでいる。この中で、建築とは何か、ということを問いかけているわけです。だから、マルクス経済学の研究は、村野にとって、左翼のマルクスではない。僕も聞いたことがあるんですが、村野は「俺の中ではバイブルだ」って言っていたんです。ということは、一種の求道者がその道をやっていくっていうような、そういう重さがある。だから、「結局、マルクスの資本論はヒューマニズムだ」って言うんですよ。これまた難しいんです。ヒューマニズムっていう言葉はね。いったい、ヒューマニズムって何なのか。村野のヒューマニズムは、単なるヒューマニズムではなくて、求道的に突き詰めていく人間の努力、求道と同じような精神の中に、ヒューマニズムはあるんだ、というようなことじゃないかと思う。けれども、僕にもはっきりとはわからない。

（「インタビュー：村野藤吾の１９４０年代—村野漾氏に聞く—」『村野藤吾建築設計図展カタログ６　村野藤吾と１９４０年代』京都工芸繊維大学美術工芸資料館村野藤吾の設計研究会、２００４年）

村野は戦後特に晩年になって、大地（自然）から生え出てきたような建物（カトリック宝塚教会、箱根樹木園休息所、小山敬三美術館、谷村美術館、日本ルーテル神学大学、等）を多く作るようになる。そのきっかけについて自身こう語っている。

戦禍は拡がり日毎に大爆撃や大破壊が繰返されていた。その頃、疎開に買い出しにと田舎に行くことが多くなった。長い戦争で手入れが出来ないのか、屋根は傾き壁土は落ちくずれて土に還ってゆくような農家の姿が、大量破壊とはあまりにも対照的な印象で、それが又、一層私の心をとらえた。このような田園風景は戦禍とは逆に如何にも長閑で平和の象徴のようにさえ思われ、くずれて大地に落ちた土壁は無抵抗で、たとえば安んじて天命を終えた人間の一生にもたとえられそうに思った。大地から生えたものが大地に還ってゆくようで、この姿は戦後に於ける私の作風に影響を与えたように思う。

（「あとがき」『村野藤吾和風建築集』新建築社、1978年、215ページ）

しかしこうした村野の言にもかかわらず、ここに笠原一人の「村野藤吾のハードコア」（『特別展　村野藤吾　やわらかな建築とインテリア』大阪歴史博物館、2014年）という論文がある。そこで笠原は、村野の戦前の「商業価値の限界」（1931年）、「日本に於ける折衷主義建築の功禍」（1933年）、「木とファンタジー」（1934年）といった論考を取りあげて、次のように述べる。

つまり村野は、モダニズムに対してヒューマニズムを対置させるといった、代替の価値観による安易な批判を行っているのではない。モダニズムを支える価値観自体に内在する矛盾を突き、二元論的な思考を揺るがし、モダニズムを根底から問い直すという、批評的な思考を実践しているのである。

そして戦後の村野は文章ではなく、建築によってそのことを表現したという。

そんな村野の姿勢がよく表れた戦後の建築作品の1つが、東京の日本生命日比谷ビル（日生劇場／1963年）である。この建物は、外壁に石が貼られているために石造のように見えるが、鉄筋コンクリート造により1階はピロティ形式で、建物の端部はキャンチレバーにより浮いている。地面から石を積み上げた壁によって成立するはずの石造（に見える）建築がピロティによって宙に浮いているという、奇妙な矛盾した表現である。

他にも八幡市民会館（1958年）、大阪のアールビル本館（旧高橋ビル本館、1970年）、大阪のフジカワビル（旧フジカワ画廊、1953年）、ザ・プリンス箱根（旧箱根プリンスホテル、1978年）、目黒区総合庁舎（旧千代田生命本社ビル、1966年）などをあげて次のように言う。

村野のこうした表現は、枚挙に暇がない。いずれもモダニズムや建築の原理に基づいてデザインしているものの、その原理を裏切るような矛盾した表現が同居している。これらをヒューマニズムや繊細さ、優しさなどという概念で捉えることができるだろうか。それは、モダニズムのみならず建築の原理や体系、ヒエラルキーを問い、建築の限界を露呈させるような批評的な表現だと言える。

この笠原の言と関わりがあるのかどうか私にはよく判らないが、石田潤一郎は村野の晩年の作品である谷村美術館について次のように述べている。

この建築は、ほとんど内部空間だけで成立している。洞窟のように壁と天井が連続し、大小の室が単一の壁仕上げのまま、曲がりくねった通路でつながれる。輪郭を失ったこの空間が人に与えるのはさまざまな光の表情と、一つの室から次の室の仏像が見通せる一瞬の視覚だけだ。明暗と距離の感覚だけが残っていると言いかえてもよい。それは上に指摘した同時期の巧緻を極めるインテリアの逆像にほかならない。

（「村野藤吾の１９７０・８０年代」『村野藤吾建築設計図展カタログ９　村野藤吾・晩年の境地』京都工芸繊維大学美術工芸資料館村野藤吾の設計研究会、２００７年）

「上に指摘した同時期の巧緻を極めるインテリア」とは、村野が箱根樹木園休息所の釣り竿による照明から始まって、箱根プリンスホテル、松寿荘を経て新高輪プリンスホテルでその奇巧が頂点に達した徹底して新しいインテリアデザインのことを指している。そこでは「おびただしい装飾要素が新機軸を主張」し、「近代主義が『空間』の価値を最大限に強調したのに対し、モノ自体の価値を再評価させようと」したものだった、と石田は述べている。

石田の谷村美術館についての文の続きを見ていこう。

外部から見るとさらに驚かされる。建築物の外観は各室のボリュームをそのまま立ち上げただけで何の操作もなく、外構は建物の際に二、三本の樹木が生えるだけで、あとはただ一面に白い玉砂利を敷く。笑い出したくなるほど、何もない。村野は民俗住居の自然発生性や無技巧性を取り入れる努力を積み重ねてきた。そして、ここに至って蟻塚のような自生感を得た。それは「近代」という枠組みを取り払うべく作為的に「自然《じねん》」を追求していった果てにたどり着いた空無であった。しかし、そこに漂う明るさは、村野藤吾が、社会的評価も「ヒューマニズム」も忘れることに成功した、いわば万物放下《ほうげ》の明るさなのである。

（同右）

溝口もそうだと思うが、村野もまた一筋縄ではいかない難しさがある。しかしだからこそ面白い。

三、溝口にとって「ヒューマニズム」とは？　「人間」とは？

ここで私は溝口のことを考える。溝口も戦後になってからだが、ヒューマニズムに言及している。

観客を絶望させたり、突放してしまうことは、やはりむずかしい。そのためには、新しいヒューマニズムをどこかで見出さなければならないと思うんだ。

（筈見恒夫「溝口健二芸談」『東京新聞』1950年8月27日）

またこうも言っている。

永い間をふりかえつて見ると、ぼくのして来たことは、映画資本家、今でいえばプロヂューサーとケンカしたり妥協したりして、どうにか自分の気に入るものをつくろうとした歴史の連続さ。（略）世界中の映画監督が脱がれられない宿命みたいなものだ。

（同右『東京新聞』1950年8月6日）

溝口は同じ頃、「興行価値と云うものは限度はあるが、無視は出来ないよ」（「西鶴一代女を撮りたい」『近代映画』1951年4月号）と述べているが、商業映画の監督として溝口は一貫して「興行価値」の重要さを認識していた。溝口は村野が建築の経済的価値を重視したのと同じように、映画の経済的価値の重さを認めざるをえないことを身にしみて判っていたのである。だから「興行価値」、すなわち観客の意向を意識しながら映画を作らざるをえなかった。それを溝口は「妥協」と言っているのだが、その「妥協」のために「新しいヒューマニズム」

を見出さなければならないと、ここで述べているのだ。しかしこの「新しいヒューマニズム」とは一体何なのだろうか。この後、溝口はそれについて言及することはなかった。だから彼の言説から答えを求めることはできない。そこでからめ手からその答えを探していかざるをえないのだが、その点で私が気になっている溝口の発言がある。

> ぼくとしても、あらゆる作風を遍歴して、結局はやはりバルザック的世界へゆきつきたいと思う。登場人物のキャラクターがそれぞれその時代に密着し、かつ時代と対決していい《ママ》といつた作品（その意味ではぼくはアメリカ映画でも『毒薬と老嬢』といつた風変りな作品に興味をもつのだが）――。歴史的社会的人間の典型を描いていい《ママ》といわれるバルザック作品の諸人物。あの人間臭い人間のさまざまな性格。その千変万化のキャラクターを今日の日本映画の世界へそのままそつくり移しかえしてみたい。
>
> （「スタアの変革から」『キネマ旬報』１９４９年４月上旬号）

この発言については、西田宣善が「[研究] フィルム・メイキング」（『映画読本　溝口健二』フィルムアート社、１９９７年）において、

溝口の姿勢のすごいところは、映画の目標点をはるか遠くに置いていたことにある。日本

独自の文化――文学、伝統演劇、美術、音楽――を映画の中に取り込むこと。あらゆる人の手を借りて、自らの監督としてのステータスを上げることと映画の地位向上のために努力した。「すべてを総合してやがてはバルザック的境地に至りたい」と語った溝口。彼にとっては文学も映画も、西洋も東洋も区別はなかったのだ。とてつもない野望を胸に、困難な日本の映画界を渡りきった男。

と先駆的な指摘をしているが、私はここで「新しいヒューマニズム」との関連でこの発言について考えてみたい。

溝口がバルザックに言及したのは、この時が初めてではない。１９４０年、溝口が初めて田中絹代と相まみえた『浪花女』の撮影前に二人が対談した時、溝口はこんなことを言っている。

フランスの文豪でリアリストとして知られるバルザツクが小説の上ではあれ程深く社会といふものの裏の裏迄知つてこれを描いてゐ乍ら生活的には全然無能力で、一生金のために物を書き乍ら尚常に莫大な借金に苦しめられてゐた（略）偉大な芸術上のリアリストは往々にして実際の生活の上ではロマンチストであることがあり得るのです。

（「溝口健二・田中絹代・対談会」『新映画』１９４０年８月号）

また同年には同趣旨のことを別のところで次のように書いている。

バルザックが当時の新興階級（資本主義）を代表する作家で、彼の書き残した小説は今日も尚沢山の人に愛読され、小説家としてのバルザックが近世に於ける偉大なリアリストとして研究されてゐるのも、彼が真に現実に徹し、鋭利な観察の眼を以て当時の社会を剰すところなく観察し、これを小説の上に描くことが出来たからではなかつたか。成る程、彼は野放図も無い浪費家で、そのため一生涯高利貸に苦しめられ乍ら、追ひ立てられるやうにしてその小説を書いたが、その代り彼の小説の中には見事に金利生活者の生活がカリカチユアライズして描かれてゐる。バルザックにとつては彼の前に横はる現実、彼を取り巻く環境がその儘芸術の主題だつたと云ふことが出来るだらう。／常に厳酷な現実と闘ひ乍ら、その生活自体を芸術化して行つたバルザックのこの生活態度をこそ、演出家たらんとする者は大いに学ばなければならないだらう。

（「映画監督の生活と教養」『映画演出学読本』大日本映画協会、1940年、17ページ）

溝口が戦前からバルザックに興味を抱いていたことが判る。

『噂の女』（1954年）と『赤線地帯』（1956年）の脚本を書いた成澤昌茂は、『団十郎三代』（1944年）で助監督についたが、その頃の溝口の言葉を伝えている。

映画なんて一時間や一時間四十分で人間を何人も描けやしないんだよ。せいぜい描けるのは三人ですね。映画で社会を描くなんて草鞋《ぞうり》の裏から足掻くようなもんだよ。社会なんて本に書いた方が早いよ。何も目で見せるこたぁない。ただ、人間をまるごと描くことでそういうものを感じさせればまた別だ。まるごと描いた人間がどういう時代にどう生きていたか。その時代にそうしか生きられなかった人間の喜怒哀楽をまるごと活写するんです。だから時代劇なんてものはない。全部現代劇なんだ。俺の作った「祇園の姉妹」(36)にしろ「浪華悲歌」(36)にしろ、いろいろいわれるけど、俺は知らねぇよ。撮りたいから撮ったんだ。ただ人間をまるごと描いただけだ

(「成澤昌茂インタビュー」『溝口健二集成』キネマ旬報社、1991年、231ページ)

「人間をまるごと描くことで」「その時代にそうしか生きられなかった人間の喜怒哀楽をまるごと活写する」――これは正に「バルザック的世界」ではないか。そしてそうした「バルザック的世界」を溝口は『浪華悲歌』の頃から描こうとしていたことを、この成澤の回顧談は示している。岸松雄は『浪華悲歌』についてこう書いている。

私は「浪華悲歌」を見乍ら、芸術といふものは、まことに冷酷なものであり、無慈悲なものであることを恐しく感じた。碌でなしの父や兄や妹、と言へば簡単だが、画面の上では、

父には父らしい理屈があり、兄には兄としての、妹には妹としての、それぞれ尤な理屈をもつてゐることが判るので、一概に山田五十鈴のヒロインをとり巻く眷族どもが悪いので、とは断定出来ない。それらの肉親にすがらうとして遂にすがり得ないヒロインは、だからといつて所謂月並な「悲劇の女性」として操行満点をつけるほどのものではない。どの人間もこの人間も、精一杯自分自身を守りながら生きて行かうとしてゐる。そこに自ら生れて来る解決出来ない矛盾や憂悶に衝突する。われわれの生きてゐる現実とは正にかくの如きものである。

（『日本映画様式考』河出書房、1937年、47ページ）

ここで岸はバルザックについて触れているわけではないのだが、ここに書かれていることは成澤の言っていることと共通している。溝口は『浪華悲歌』の頃、あるいはそれ以前に、バルザックについて語っていることはなく、文献的には彼が初めてバルザックに言及するのは1940年だが、その前からバルザックについては関心を抱いていたと推測できる。成澤はまた晩年の溝口についてこう語っている。

「赤線地帯」を撮っている時「成澤君。これからは喜劇です。人間喜劇です。『赤線地帯』も喜劇です。馬鹿な奴らが一所懸命世の中を生きてるんだ。それが微笑ましいし、可哀そうだし、何といい奴じゃないかというのをすべてひっくるめて、突き放して描くんです」。それが、やっぱり、溝口先生の最後の言葉だと思います……「大阪物語」は撮れないまま亡くなりましたが。

（「成澤昌茂インタビュー」『溝口健二集成』２４０ページ）

この「人間喜劇」という言葉で溝口はバルザックのことを考えていたことは明らかだろう。バルザックは個々に描いた自分の作品を『人間喜劇』という名の体系化された作品として刊行した。バルザックはそこで自分が生きた十九世紀フランスの社会全体を再現しようとしたのだ（高山鉄男『バルザック』清水書院、１９９９年、１７０〜１７３ページ）。バルザックは１８３３年頃に、社会の全貌を描いてみようという計画を思いつき、『ふくろう党』（１８２９年）以後、それまでに書いた小説と、これから書く小説とを打って一丸として十九世紀フランスの完全な社会史を構成しようとした。そしてこの集大成としての小説群の総合的題名をどうしようかと考えた末、ダンテのDivina Commedia（神曲）に対して、La Comédie humaineとしてはどうかという若き友人の提案を受け入れて、これを題名と決定した。１８４１年頃のことであった（水野亮『バルザック　人と作品』白日書院、１９４６年、99〜１０１ページ）。

日本ではこの題名を『人間喜劇』と訳していて定着しているが、このComédieを「喜劇」と訳すのが適当なのかどうか、私は疑問に思っている。日本で「喜劇」といえば、「笑劇」の意味合いが濃くなってしまう。笑い・滑稽・諷刺等々。バルザックのComédieにはそうした要素も含まれているにしても、人間を総合的・社会的にとらえるという意味からすれば、「人間劇」あるいは「人間ドラマ」と訳す方が適切ではないかと、フランス語に「素人」の私は思う。現に『バルザック全集23』（東京創元社、１９７５年）の「カトリーヌ・ド・メディシス」の訳者一同による「解説」ではComédie humaineを「人間劇」と訳している。この方が適訳だと思うが、しかし「人間喜劇」という訳はあまりにも定着してしまっているので、時にその言葉が一人歩きしてしまっているようにも思える。成澤が最後に聞いた溝口の、「成澤君。これからは喜劇です。人間喜劇です。『赤線地帯』も喜劇です」という言葉の「人間喜劇」は、バルザックのそれをふまえているけれども、「喜劇」というところに力点が当たっているのは、「人間喜劇」という日本語の訳に引きずられたバルザックのイメージから発したもののように感じられる。

それはともあれ、この溝口の最後の言葉のなかに、溝口が到着した「新しいヒューマニズム」を見ることができる。サイレント時代の溝口はこんなことは言っていなかったように思う。『赤線地帯』の三十年ほど前に溝口は『人の一生』（１９２８年）という映画を作っている。岡本一平の漫画漫文を原作にしたものだが、かなりの部分は原作とは関係の無いオリジナルで、しかも溝口はこの作品を製作する際にゲオルゲ・グロッスの画と文を参考にしている。その理由を彼はこう書いている。

間接の参考としては「Georg Grosz《ママ》」氏の「Ecce Homo」と辻恒彦氏の訳されたその言葉をそれにあてた（何故間接の参考としてこれを選んだかと言へば〈略〉グロッツ氏の「人間を動物、獣、にまで底下《ママ》させて描出してゐる」態度と冷静な観察力がこの映画製作者と共通な意図の所有者であることを、発見したからでもある）（略）間接な参考であるグロッツ氏の言葉としては／「私は悦んで意識的教訓家《モラリスト》であり諷刺家であることに甘ずる。そして「日常の出来事」に超然的たる全知全能の批評家から嘲笑的に拒否されるのをこそ却つて自分の必然な仕事が或る意味で確證されるのだと思つてゐる」と言ふ明確な「実践的傾向」を意識的に持つてゐるそれを得ることが出来た

（「一喜劇の分解的小論」『映画科学研究』第１巻、１９２８年）

そして溝口は、『人の一生』の原作者である岡本一平が「厭人主義的《ニヒリスティク》」な冷ややかな「笑」と「譬喩的諷刺」を持っているのに対し、グロッスは「自然科学者」が研究室で「動物——獣」としての人間に解剖刀をふるって、「笑」と「諷刺」を実践的・闘争的に示している、と述べている。つまりこの頃、溝口はグロッスに共感することによって、人間の獣的側面に錘をおろそうとしていたのだ。そのことを生《なま》な形で表現したのが翌１９２９年の『日本橋』である。

『日本橋』には伝吾という人物が登場する。溝口が書いたシナリオが残っているが、それによ

ると伝吾は北海道から東京に出て来て、海産物商会を営み成金となり、檜物町の芸妓をあげて紙幣の束を庭に投げるという狂態を示すが、一人それに群がらない清葉に深い印象を受ける。しかし伝吾は船の難破で一瞬にして破産、子供を清葉の家の前に置いていく。零落しつつも清葉に執着する伝吾に清葉や箱屋は、「獣《けだもの》め！」「釧路の膃肭臍《おっとせい》め！」「土龍の化物」と罵倒する。この様子を見ていたお孝は清葉への面当てから清葉にふられた伝吾を情人《いろ》にする。お孝は言う。「清葉が振った男なら油虫でも毛虫でも蹴出しの模様に縫いこんで魅せるあたしの面当て」

一方、医学士の葛木は清葉といい仲だったが、一石橋から栄螺と蛤を捨てたのを赤ん坊を投げ捨てたと勘違いした巡査に咎められているところを、お孝に救われたことからお孝と懇ろになる。しかし伝吾からお孝が伝吾を玩んだいきさつを知らされ、葛木は、失踪している姉を捜す旅に出る。葛木に去られ、伝吾にはまとわりつかれたお孝はやがて気がふれる。

『日本橋』の伝吾（高木永二）とお孝（梅村蓉子）

（『日活画報』1929年３月号）

その時に溝口は次のような描写をしたという。

「日本橋」には狂つた芸者が畳の上にうごめく蛆を見る場面がある。そこでは此の狂女の主観として、実際に動いてゐる蛆を撮した一カットがある。それは身震ひを感じさせるやうに気味の悪いカットで、先づ普通の演出者であつたらスポークン・タイトルの挿入で片づけるところであつたらう、

(滋野辰彦「溝口健二論」『日本映画』1939年5月号)

伝吾は羆の毛皮を着ているのだが、落ちぶれた伝吾は着たきりのその毛皮に湧く蛆を取って食べたりしていた。伝吾にまとわりつかれたお孝が怯えて蛆を幻視するのはそのためなのだ。伝吾には獣・動物のイメージがまとわりついている。「羆」「膃肭臍」「土龍」「犬」(野良犬・餓えた犬)「猫」「鰊」。これらがシナリオで伝吾を形容する動物である。それはおぞましさの形容であり、その決定版が「蛆」ということになる。そこに「人間を動物、獣、にまで底下《(ママ)》させて描出してゐる」グロッスの精神を見ることができるだろう。

こうした人間の獣的側面への追求は、『滝の白糸』(1933年)においても剛蔵という人物を描くことによってなされている。スクリーンに紙幣を数える動作とともに登場した金貸しの剛蔵は、水芸の白糸と合同で興行の旅をする南京出刃打に金を貸している。南京は、一座の女

性の撫子を長襦袢姿で壁に立たせて、その体すれすれに出刃を投げる見世物をするのだが、その撫子の姿に釘付けになり、サドマゾ的なほむらを燃やす剛蔵。そして彼は南京の手引きによって、芝居小屋の奈落で、長襦袢姿の撫子を立たせてその周囲に刀を突き刺して弄ぶ。このシーンは検閲によってカットされてしまったが、そのシーンについて北川冬彦がこう書いている。

試写で私は見たのである、常設館のスクリーンでは、恐らく消されて無かつたゞらうと思ふ。溝口健二監督作品「滝の白糸」の中に、こんな場面があつた。――高利貸の剛造《ママ》がその変態な好みを満足させるところである。舞台でやる支那奇術をそのまゝ娘の体の輪廓に、ナイフを壁に打ち込むのである。それが薄暗い地下室なので剛造の姿はさながら憑かれた色我《ママ》鬼で凄味があつた。

(『純粋映画記』第一芸文社、1936年、119ページ)

さらに剛蔵は、万策つきて彼に金を借りに来た白糸をも、撫子と同じように長襦袢姿で立たせて周囲に刀を突き刺して苛む。この場面も検閲によってカットされたが、そのスチル写真が残されている。金を借りにきた白糸をなめまわすように見つめる剛蔵の姿は蛇のような執念を示しており、金と色に憑かれた〝獣的〟な男がそこに描かれているといえる。それはグロッスの描く腹の出たドイツのブルジョアジーの醜さを思わせる。

『日本橋』の伝吾も、『滝の白糸』の剛蔵も、ともに「金」と「色」の亡者という点で同類の人間であろう。溝口は「溝口健二『祇園の姉妹』を語る」（『オール松竹』1936年10月号）において、『浪華悲歌』に関連した話題のなかで、次のようなことを語っている。

大体に、我々の映画と云ふのは、階級闘争を描くか、しからざれば男女争闘の二手しかありませんが、現在の状勢ぢや前者の駄目な事はわかつてゐる。で、男女争闘を表面に持つて来て、面白く見てもらつてゐるうちに、何か摑んでもらへたらいゝと思つてゐるんで

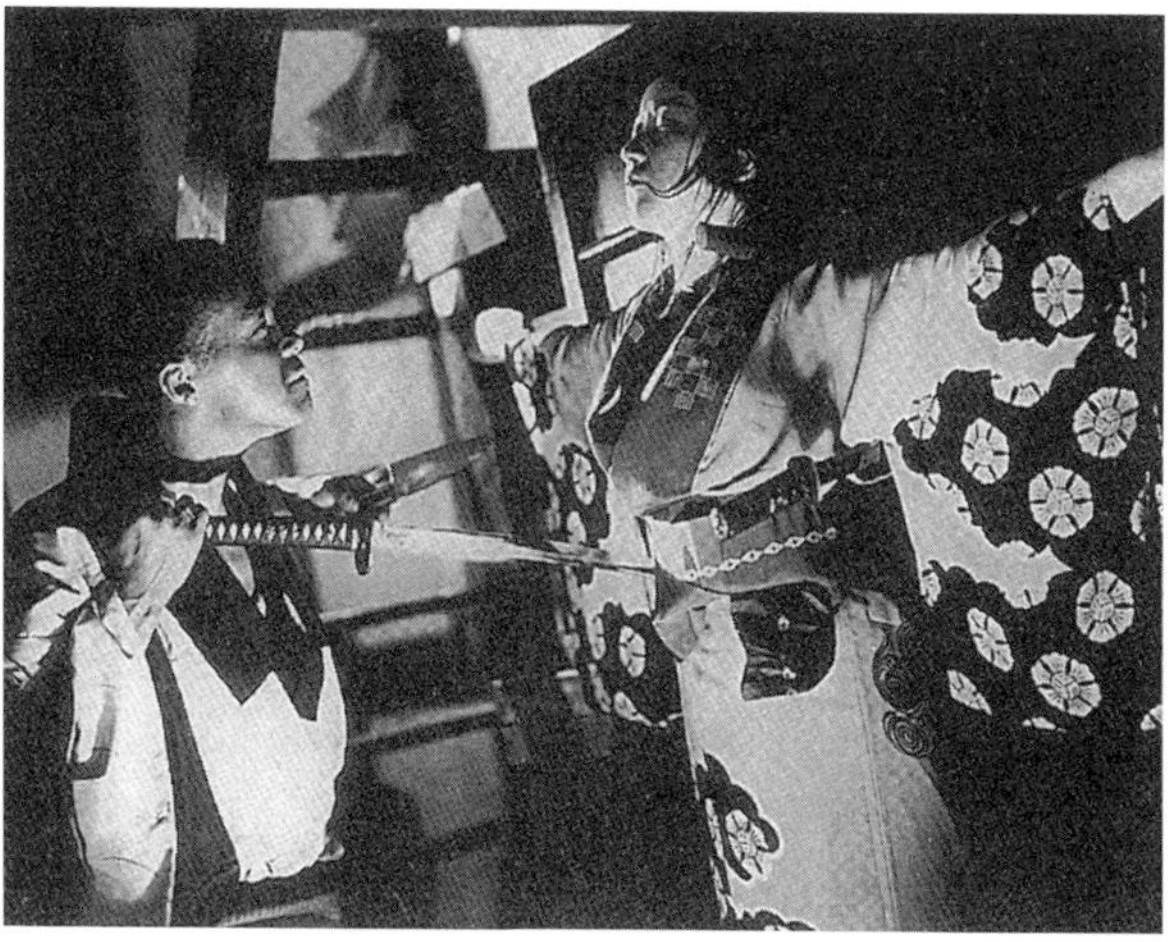

『滝の白糸』の検閲でカットされたシーン（菅井一郎の剛蔵と入江たか子の白糸）

（『映画読本　溝口健二』）

グロッスの画・二葉

(『無産階級の画家　ゲオルゲ・グロッス』)

すが…。

溝口は明確に、「階級闘争」（金）と「男女争闘」（色）の両面から人間を描くことを意識していた。そして『日本橋』や『滝の白糸』でその両面の人間の獣のようなおぞましさを突き出してみせたのだ。

しかしここで、もう一つ注目しておきたいのは、サイレント時代の溝口は「階級闘争」や「男女争闘」をカリカチュアして喜劇的に描いてもいるということである。サイレント時代の溝口の喜劇が評判がよく、溝口も自信を持っていたことは、拙稿「喜劇監督　溝口健二」（『ユリイカ』１９９２年10月号）、「溝口健二・失われたフィルムが語るもの」（『ＮＦＣニューズレター』第69号、２００６年10・11月号）に書いたが、今、焦点をあてて考えたいのは１９２８年の『人の一生』である。この作品は、富豪になることを目指して田舎から東京に出て来た唯《ただ》野幹人《のみきんど》とその子の人成《ひとなり》が主人公であるが、幹人の人生は突然の解雇によって大きく狂わされた。失業者となった幹人は悩み続けた果てに一念発起して「金の成る木栽培園」を経営したが事業は一向にふるわなかった。しかし奮闘十二年、ついに数百万円の紙幣が「金の成る木栽培園」に成った。……と思いきやそれは幹人の狂乱の果ての幻影であった。狂った幹人は母と妻とともに国元へ引き揚げた。

一方、青年となった人成は東京に残り、銀行の給仕となって真面目に働いていたが、銀行の小使いであるにもかかわらず巨万の富を持つ男に認められ、その娘にも紹介された。しかしその夜に男の巨万の富は泥棒に盗まれ、男は悶死してしまった。父の守銭奴根性を嫌っていた娘は人成に大金を惜しげもなく与えてしまった。人成は大喜びしたが、金のために命をとられることも多いのだという娘の忠告を聞いた人成は急に金のための恐ろしい幻想に悩まされ、眼前の大金に恐怖を感じて、金の無い国へと逃げ出した。人成の逃げた金の無い国、そこは場末の貧民窟だった。彼はそこで屋台を引くワンタン屋を営んだ。

その頃、田舎に帰った幹人は貧困の極に達していたが、静養によって精神が回復し、辻芸人となって糊口をしのごうとしたが彼に金を与えるものはいなかった。生の苦闘に疲れ幹人は自殺を企てたが、あまりに空腹で果たさず、家に帰って母の焼いた餅をむさぼり食って喉につまらせ悶死してしまい、雪の墓場に葬られた。

しかし……不思議にも彼は生き返ったのだ。彼は墓から起き上がり、かつて聞いた千丈ケ峯の熊の話を思い出し、経帷子の姿で出かけて行き、熊と出会ってその洞窟に連れて行かれた。

やがて数カ月が経った。幹人と熊は主従関係となり山の生活を続けていたが、ある夜、妻や母の夢を見て急に愛郷の念にかられ、翌朝、熊に別れを告げ、熊は心から幹人との別れを惜しんだ。その時、猟師が発砲し、熊は倒れた。幹人は猟師を倒して死んだ熊に泣きすがった。そして熊の皮を持って家に帰ったが、どん底生活にあえぐ妻と母を見て、ふと人成のことを思いだし、障子の蔭の妻と母に別れを告げてそのまま上京し、人成と再会する。

プリントが現存しないので実際の作品を見ることが出来ないのが本当に残念だが、この粗筋で私が注目したいのは、人成が「金の無い国」へ逃げ、幹人は死んで生き返り、山の中で熊と生活する、という件である。人成は「金」が人を狂わせることを恐れて、「金の無い国」すなわち資本主義以前の社会へと遡ろうとし、幹人は死・再生を経て、やはり資本主義以前の原始的生活に入っていく。溝口は戦後になってからだが、こんなことを言っている。

大体、僕は昔から、階級の問題はコンミュニズムが解決するが、その後には男と女の問題が残る、と考えていましてね。だから男と女の問題をとりあげることに特別な関心をもっていたわけなんです。

（「溝口健二の芸術　岸松雄・愚問賢答第一回」『キネマ旬報』１９５２年４月特別号）

ここで溝口が語っていることは、『オール松竹』１９３６年10月号と同様のことだが、ただ「階級の問題はコンミュニズムが解決する」と言っている点が新しい。戦前には言えなかったことを戦後になったので言っているのだが、おそらく１９３６年の時点でもこうしたことは考えていたと私は推測する。溝口の生きた時代においては、マルクス主義における歴史の発展段階説というのが一つの常識であった。世界の歴史は原始共産制↓古代奴隷制↓中世封建制↓近代資本主義と発展し、その先に共産主義の無階級社会を想定する考えである。溝口はこうした歴史の発展段階説を信じていたと思われる。溝口がここでいう「コンミュニズム」とは実際にはソ連型のスターリニズムを意味しており、「コンミュニズム」が「階級の問題」を解決するという溝口の予測ははずれ、二十一世紀になった現在も「階級の問題」は何等解決されずに厳然として存在している。しかし溝口がここでいう「コンミュニズム」を別の何か（X）におきかえれば、そのXという社会のシステムが「階級の問題」を解決し、しかしその後にも男女の問題は残るという溝口の考えは生きていると私には思える。

溝口そしてシナリオを書いた畑本秋一が、『人の一生』において、人成と幹人を資本主義以前の社会へとほうりこみ、特に幹人を歴史の発展段階の初めである原始共産制の社会にほうりこみ、人間の初源的な姿を描いたのは、人間を「動物・獣」としてとらえるグロッスの視線を溝口的にとらえなおしたものであろう。そして人間をいったん動物の次元にまで遡らせて考えていくという点では『日本橋』の原作者である鏡花の『化鳥』（1897年）という作品が気にかかる。『化鳥』で、母親は少年に「人間も、鳥獣も草木も、昆虫類も、皆形こそ変つて居てもおんなじほどのものだといふことを」教える。母親がそういう考えにたどりついたのは、「人に踏まれたり、蹴られたり、後足で砂をかけられたり、苛められて責《さいな》まれて、煮湯を飲ませられて、砂を浴せられて、鞭うたれて、朝から晩まで泣通しで、咽喉がかれて、血を吐いて、消えてしまひさうになつてる処を、人に高見で見物されて、おもしろがられて、笑はれて、慰《なぐさみ》にされて、嬉しがられて、眼が血走つて、髪が動いて、唇が破れた処で、口惜しい、口惜

しい、口惜しい、口惜しい、畜生め、獣めと始終さう思つて、五年も八年も経たなければ、真《ほん》個《たう》に分ることではない、覚えられることではない」という。こうした母の考えは少年に伝えられ、二人だけの秘密になった。しかし母によると、もう一人そうしたことを知っていた人がいたという。それは猿廻しのじいさんだったという。少年がまだ母の腹の中にいた頃、そのじいさんは土手の上の柳の切り株に腰をかけて、猿の綱を握って、うつむいて、小さくなって、肩で息をしていた。その猿を男女が寄ってたかってからかって、菓子をやったり、蜜柑や餅を食べさせて、暗くなるといなくなった。だがじいさんをいたわってやった者は唯の一人もいなかった。母はあわれと思って、お銭《あし》を恵んで、肩掛けを着せたところ、じいさんは涙を落として拝んで喜び、こう言ったという。

あゝ、奥様、私は獣になりたうございます。あいら、皆畜生で、この猿めが夥間《なかま》でござりませう。それで、手前達の同類にものをくはせながら、人間一疋の私には眼を懸けぬのでござります。

（引用は『鏡花全集・巻三』岩波書店、1974年、による）

じいさんは猿を棄てて行こうとしたので、母が棄て児にしては可哀想ではないかと言うと、じいさんはこう言って去っていった。

はい、いえ、大丈夫でござります。人間をかうやつといたら、餓ゑも凍えもしようけれど、獣でござりますから今に長い目で御覧《ごらう》じまし、此奴《こいつ》はもう決してひもじい目に逢ふことはござりませぬから。

そのじいさんの言う通りに現在まで猿は餓えないでいる。

人があわれな動物をかわいがるのは、いわゆるヒューマニズムのためではなく、人が獣と同じだからだという、こうした考えが鏡花にうまれてきたのは何故なのだろうか。興味深いところだが、溝口がグロッスの人間を「動物・獣」として捉える思想に共感したのと同じように鏡花のこうした考えにも共感したのではないか。前に述べたように溝口には、歴史的に人間をとらえるという考えがあり、原始共産制・古代奴隷制・中世封建制・近代資本主義・共産主義（コンミュニズム）という歴史の発展段階説を頭の中に入れていたと思われ、『人の一生』で、死・再生、そして熊との生活を描いたのは、人間を原始共産制、あるいはもっと遡って、人間を動物と同じ、食べ・眠り・生きていくという根源的な段階にまでおろして考えようとしたのであろう。しかし鏡花が歴史の発展段階説を信じていたとは思えない。とすると何か別のところに求めなければならないのだが、そこで気になるのは鏡花の『清心庵』（１８９７年）である。それを読むと、鏡花の亡き母を想う心が、亡き母の幽霊としての出現として表現され、また亡き母の代理としての摩耶という女性との世間と隔絶した生活への志向になっていることが判る。俗世間・人間世界への拒絶と幽霊の好みとがつながっているといえようか。鏡花が動物・獣と人間を同じように見るという考えも、こうした俗世間への拒絶（亡き母と二人だけの生活という胎内回帰願望）とかかわっていよう。溝口にこうした意識があったのかどうか。

映画界に入る前の青年・溝口の愛読書の中には鏡花もあったという（岸松雄『人物・日本映画史Ⅰ』ダヴィッド社、1970年、574ページ）。そして監督になって『紙人形春の囁き』を世に送った後に書いた「思ふことなど」（『日活』1926年6月号）において、

「紙人形春の囁き」の撮影で、如何にして江戸情調を点出し江戸趣味を高調するかについて徹底的に苦しんでゐるうちに、江戸情調、江戸趣味の映画化について自から一種のアレンヂが出来た。今まで矛盾し離反した二つの流れを唯一つのものにコンデンスすることが出来た。／私は次の製作でほんとうに純日本式のものを製作してみたいと思ふ。／鏡花もの、あの絢爛、神秘、凄艶を極めた多くの作品のうちから選んでみたいとも思つてゐる。

と、鏡花ものの映画化に意欲を燃やしている。その結果、『日本橋』（1929年）に始まって『滝の白糸』（1933年）、『折鶴お千』（1935年）と三本の作品を映画化した。しかしトーキーになってからは一本もない。溝口は後年にこう語っている。

鏡花ものの庶民的な反抗精神が、あの時代のぼくに共感があつたにちがいない。それだから、今のぼくに鏡花をまたやれといつても無理だ。

（筈見恒夫「溝口健二芸談」『東京新聞』１９５０年８月20日）

過去を振り返って、庶民的な反抗精神への共感が鏡花ものを作らせた、と語っているのだ。その「鏡花ものの庶民的な反抗精神」ということで私が気になっている鏡花作品がある。それは『貧民倶楽部』（１８９５年）である。芥川龍之介は「鏡花全集に就いて」（『東京日日新聞』１９２５年５月６日）において次のように書いている。

「貧民倶楽部」の女主人公お丹の説破する所によれば、慈善は必ずしも善ではない。その貴族富豪の徒に自己弁護の機会を与ふるかぎり、断じて悪といはなければならぬ。貧民はたとひ饑《う》ゑるにしても、結束して慈善を却《しりぞ》ける所に未来の幸福を見出だす筈である。（略）これは明治廿何年かの先生の倫理観たるにとどまらず、同時にまた大正何年かのプロレタリアの倫理観ではないであらうか？

（引用は『芥川龍之介全集・第七巻』岩波書店、１９７８年、による）

芥川がこう書いたのは１９２５年のことである。その四年後に溝口の傾向映画『都会交響楽』が創られている。鏡花の『貧民倶楽部』と溝口の『都会交響楽』の間にこの芥川の言を置いてみれば、『貧民倶楽部』と『都会交響楽』との関係を類推することは決して乱暴なことではないことが判るだろう（秋山稔「慈善の時代の文学」『論集　泉鏡花』有精堂出版、1987年、参照）。『都会交響楽』と同年につくられた『日本橋』に実際に動いている蛆をとらえたショットがあったことは前にふれたが、この蛆のショットはエイゼンシュテインの肉にたかる蛆のショットに刺戟を受けたのではないかと私は推測しているのだが（拙著『溝口健二・全作品解説5』近代文藝社、2008年、264〜266ページ参照）、『都会交響楽』もまたロシア・アヴァンギャルドの影響を受けた作品であったようだ。そして、アイモを持って隠し撮りした富川町の労働者街のシーンは当時の人々に深い印象をもたらした。

圧巻は富川町の細民街に乗りつけた失業者救済慈善慰問隊の紳士淑女たちが気どった格好で高級車をおりると、ゾロゾロとトンネル長屋にはいって行くシーンだ。紳士淑女たちは集まった貧民たちに一場のお説教、失礼な彼らのうちには鼻をハンカチでおおっている者もいる。なにしに来たという顔つきの長屋の人たちに慰問袋が順々に渡される。一度は受けとるが、口の中へ入れてみてペッペッと吐き出し、袋を地面に叩きつける。ブルジョアお嬢さんに安煙草の煙を吐きかける労働者もいる。木賃宿の前ではブルジョアお嬢さんの立ち姿にモダンボーイがキャメラを向け、記念写真を撮ろうとして土足のまま宿の畳の上にあがり、宿の娘お君にホーキでなぐりつけられる。ほかのモボたちも長屋の人たちによってバラバラにされてしまう。そして「トンネル長屋は太陽のない街だ」というタイトルがはいって、しとしとと降る雨の長屋の路地。木賃宿にも泊まれずに軒下に濡れながら雨やどりする失業者たち。

（岸松雄『人物・日本映画史Ⅰ』ダヴィッド社、１９７０年、５９４ページ）

１９２０年代、富川町には「立ン坊」が集まっていた。「立ン坊」とは、「一定の働く場所と住所と技術を持たない浮浪労働者」の蔑称である。彼等はあらゆる種類の単純な肉体労働をして日銭を稼ぐ。「人夫狩り」と呼ばれる斡旋人にピンハネされながら、その日の仕事にありつき、２円くらいの金を稼ぐ。そして一日の宿料20〜30銭くらいの木賃宿に泊まる（以上、「立ン坊」については、里村欣三のルポルタージュ「富川町から」『文芸戦線』１９２４年11月号、による）。『都会交響楽』に描かれた「トンネル長屋」の貧民達とはこうした「立ン坊」であり、建築現場の仕事についていた。そしてこうした「立ン坊」や木賃宿の娘が、「失業者救済慈善」にやってきたブルジョア達を散々な目に遭わせるというエピソードが私に鏡花の『貧民倶楽部』のことを思い出させるのだ。

『貧民倶楽部』には、「四谷近辺の橋の下で犬と寝て居る女乞食」と自ら名乗るお丹が、爵位をもつ貴族の婦人や華族女学校の学生らが開く慈善会の会場に三十人ほどの貧民を率いて向かうところがある。

朽葉色に垢附きて、見るも忌はしき白木綿の婦人《をんな》の布を、篠竹の頭《さき》に結べる旗に、（厄病神）と書きたるを、北風に煽らせ、意気揚々として真先に歩むは、三十五六の大年増、当歳の児を斜に負うて、衣紋背の半に抜け、帯は毒々しき乳《ち》の上に捩上《よれあが》りて膏切《あぶらぎ》つたる煤色の肩露出せり。顔色青き白雲天窓《あたま》の膨《ふく》脹だみて、頸《えり》は肩に滅入込み、手足は芋殻の如き七八《なゝやつ》歳の餓鬼を連れたり。次に七十二三の老婆、世に消残る頭《かしら》の雪の泥塗にならむとするまで、太《いた》く腰の曲りたるは、杖の長《たけ》の一尺なるにて知れかし。這ふが如くに、よぼ〳〵。続くは十五六の女、蒼面、乱髪、帯も〆めず、衣服も着けず、素肌に古毛布《ふるげつと》を引絡《ひきまと》ひて、破れたる穴の中より如亀《によツき》と天窓を出だせるのみ、歩を移せば脛股《けいこ》則ち出づ、警吏もし其失体を詰責せむか、我は貧民と答へて可なり。／其の他肥えたる豕《ゐのこ》あり、喪家の犬の痩せたるあり。毛虫、芋虫、蛆、百足、続々として長蛇の如し。／中陣には音楽家あり。破三味線、盲目《めしゐ》の琴、南無妙太鼓、四ツ竹などを、叩立て、掻鳴して、奇異なる雑音遠くに達《いた》る。／棍棒を取れる屠犬兒《いぬころし》、籠を擔へる屑屋、いづれも究竟の漢《をのこ》、隊の左右に翼《よく》たり。／また先刻《さき》に便所より顕れしお丹といへる女乞食、今此処の殿せり。／総勢数えて三十余人、草履或は跣足にて、砂を蹴立て、埃を浴び、一団の紅塵瞑朦たるに乗じて、疾鬼横行の観あり。

（引用は『鏡花全集・巻二』岩波書店、1973年、82～83ページ）

この文について亀井秀雄「泉鏡花の想像力と文体」（『国文学　解釈と鑑賞』1981年7月号）は次のように述べている。

この刻明な描写は、鏡花におけるグロテスクなものへの嗜好を感じさせる。かれはしばしば、忌み嫌われる昆虫や爬虫類に人間をなぞらえたが、いや、それに変身させてしまうことさえあったのだが、多分それは虐げられたものへの歪んだ偏愛のあらわれであった。この異形な者たちは、「同宿、構はずに、しけ込め〳〵」というお丹の下知を受けて慈善会場へ乱入する。あたかもお丹の口を借りて鏡花自身が指嗾したかのように、そのヴァイオレンスなエキサイト・シーンを共感を以て描いているのである。

こうした嗜好（志向）は溝口にもあったと思われる。

貧民達は慈善会の会場に到着し、そこで屑屋は貴婦人に向かってこう言い放つ。

なあ、おかみ様《さん》、其面《そのつら》の皮一枚引《いちめえひん》めくる方が、慈善会より余程《よつぽど》良《い》い慈善《ほどこし》になるぜ。此方人等《こちとら》の大家様《おおやさん》が高い家賃を取上げて適《たまさか》に一杯飲ます、こりや何も仁《なさけ》ぢや無《ね》え、いはば口塞《くちふさぎ》の賄賂《まひなひ》さ、怨を聞くまい為の猿轡だ。それよりは家賃を廉くして私等《わっちら》が自力で一杯も飲める様にして呉れた方が真《ほん》のこと難有《ありがて》えや。へこ〳〵御辞儀をして物を貰ふなあ些少《ちっと》も嬉く無《ね》えてね。而《そ》してまた無暗に施行々々《ほどこし》といひなさるが、ありやお前、人を乞食扱にするのだ。／目下の者を憐むんぢや無くつて軽蔑するのだ。ト先づ謂つて見たものさ。お前様方《めえさんがた》が人中で面を曝して、こんな会をしなさるのは、あゝ、彼《あ》の夫人《おくさん》は情深い感心な御方だと人に謂はれたいからであらう。

（同右、87〜88ページ）

かくて慈善会は次のようになる。

一寸雛形《ちょいとみほん》が斯んなもの。三十余人の貧民等、暴言を並べ、気焔を吐き、嵐、凩、一斉《いっとき》に哄《どっ》と荒れて吹捲くれば、花も、もみぢも、ちり〴〵ばら〳〵。／興を覚まして客は遁出《にげだ》し、貴婦人方は持余して、皆休息所に一縮《ひとちゞみ》。／貧民城を乗取《のっと》りて、／「さあ、此からだよ。売溜の金子《かね》は幾干《いくら》あらうと鐚一銭《びたいちもん》でも手出をしめえぜ。金子で買つて凌ぐやうな優長な次第《わけ》では無いから、餓《かっ》ゑてるものは何でも食ひな。寒い手合は、其処らにある切《きれ》でも襯衣《しゃっ》でも構はず貰へ。」とお丹の下知に、狼は衣を纏ひ、狐は啖ひ、狸は飲み、梟謡へば、烏は躍り、百足、蛇《くちなは》、畳を這ひ、鼬、鼯鼠《むささび》廊下を走り、縦横交馳《かうち》、乱暴狼藉、あはれ六六館の楼上は魑魅魍魎に横奪されて、荒唐蕪涼を極めたり。

(同右、88〜89ページ)

姉御お丹の配下の者には、「車夫、日雇取り、立ン坊」もいたと書かれているから、その点では『都会交響楽』に登場する貧民＝労働者と同じような階層がお丹の下にはいたことになる。しかし鏡花が『貧民倶楽部』で主として描いている貧民とは労働者というよりは、「乞食」・雑芸能者といったより下層の者達である。１９２０年代から30年の初めにかけて、社会主義・共産主義革命の主体になるのは組織されたプロレタリアート（労働者）であり、『都会交響楽』に描かれた「立ン坊」のような浮浪労働者ではなかった。だからその観点から『都会交響楽』は同時代において批判されもした。

この画に表れて来るプロレタリアは何ら組織されてゐない。従つて、資本家対労働者ではなく、金持ち対貧民の敵対感情しか取り扱つてない

(片岡鉄平「『都会交響楽』其他」『映画時代』１９３０年1月号)

傾向映画として見る時、この映画に示されたブルジョアジーへの反抗は、自然発生的であり、集団的でなくして個人的であり、単なる感情的であり、従つて終末もプロレタリアー

トよりする積極的な反抗ではなく、外部より来る一ブルジョアの没落である。

（石浜知行「『都会交響楽』について」『文学風景』1930年6月号）

三好行雄「泉鏡花をめぐって」（『文学』1951年11月号）は次のように述べている。

鏡花文学の色濃い基調のひとつに、「冠弥佐衛門」から「婦系図」の主税、「風流線」の村岡などをつらぬく、感傷的な英雄主義《ヒロイズム》がある。滑稽なまでに類型的なこれらの英雄が、現実に権力をもたぬ民衆、しかも権力へむかって背伸びする意慾をも喪失したひとびとに、ひそかにおのれの夢を仮託するヒロイックな陶酔をもたらしたことは、うたがいえない。かれらは、空想的な反抗の代行者として、みずからの反抗をとざされた庶民の喝采をうけえたであろう。そうした庶民的な反抗のひながたを、われわれは、はやく「貧民倶楽部」（明二八・七）にえがかれた英雄、女乞食のお丹のなかに見出すことができる。彼女こそ、下層階級の救世主として、「予てより人類の最下層に欝積せし、失望不平の一大塊」に具体的な奔出のみちをあたえる、鏡花的英雄の典型であった。その時、「色は天下の艶たり、心は即ち女中の郎」、と呼ばれるような彼女の行為をつらぬくものは、最も講談的・町奴的な侠気である。冠弥左衛門にも主税にも共通する性格であったが、ヒロイズムの本質的な要素のかかる侠気にほかならぬところに、庶民作家鏡花の後進性が見られよう。

（引用は『日本文学研究資料叢書・泉鏡花』有精堂出版、１９８０年、による）

この「後進性」について勝本清一郎「鏡花の異神像」（『解釈と鑑賞』１９４９年5月号）は次のように指摘している。

結局わたくしは鏡花の野暮な側面を高く買っている訳である。鏡花文学の観念的基礎は、日本の幕末のマニュファクチュア成立以前の手工業的階級の内部に根をおろしている。従って鏡花の作品に時折あらわれた反資本主義的観念も、実は資本主義以前の立場からのものに過ぎなかった。

（引用は『日本文学研究資料叢書・泉鏡花』有精堂出版、１９８０年、による）

しかし鏡花の「庶民的な反抗精神」がそうしたものであったとしても、それにとどまらないものがあることを次の評が示している。

鏡花は「義血侠血」以来絶えず「愛」のための犯罪を礼賛とまではいかないにしろ容認している点がある。「婦系図」でも、特権階級のひからびた、つまらない義理による策謀、偽善の仮面を打ち破るためには情熱による犯罪も成り立つという設定は義理人情という鏡花の古い装いとは、裏腹に不気味な血の流れ、黒い美学を感じさせる。鏡花の作品が、もし単なる義理人情にとどまったなら、おそらく現代への再評価を残さなかったに違いない。
（荒川法勝『泉鏡花伝』昭和図書出版、1981年、162ページ）

映画を実際に観ているわけではないから推測として言う他はないのだが、溝口の『都会交響楽』は鏡花の『貧民倶楽部』に比べれば、社会主義的であるといえる。それは溝口が鏡花と違って、「階級闘争」によって歴史が弁証法的に進展するという発展段階説を信じていたからである。

鏡花の下層民への思い入れは、『ねむり看守』（1895年）といったあまり注目されない作品にも判官びいきとでもいうべき思いとして表出されているし、『黒猫』（1895年）においては、「天爵の尊き者はこの賤しむべき社会に処して、多くは生活の下級に在り」と述べている。つまり、徳の高い者はこの社会にあっては下級生活に甘んじる者が多い、と述べているのだ。こうした思いは鏡花自身の実生活体験にも基づいているようだ。小説家になるべく1890年11月に上京してから尾崎紅葉の玄関番となった1891年10月までの約一年間、鏡花は済生学舎の学生だった知人の下宿など各地を転々とし、「生活はもう落ちるところまで落ちていた」（荒川法勝『泉鏡花伝』35ページ）。その頃の生活をもとに描いたのが『売色鴨南蛮』であり、それを映画化したのが『折鶴お千』（1935年）だが、さらに鏡花は1894

年には父を失い、「日が経つにつれて、その日の食事にもこと欠く結果となり、鏡花は自殺すら考えるようになった」という（同右、52ページ）。鏡花の貧者や下層民への共鳴は自らのこうした貧窮生活の体験から発しているのであろう。

そして同時に私は、早くに母を失った鏡花の母への想いが、この点に関わっているように思える。鏡花は『化銀杏』（1896年）の中でヒロインにこう言わせている。

一体操を守れだの、良人《をつと》に従へだのといふ、掟かなんか知らないが、さういつたやうなことを極めたのは、誰だと、まあ、お思ひだえ。／一遍婚礼をすりや疵者《きずもの》だの、離縁《さられ》るのは女の恥だのツて、人の身体《からだ》を自由にさせないで、死ぬよりつらい思ひをしても、一生嫌な者の傍についてなくツちやあならないといふのは、何《ど》ういふ理窟だらう、わからないぢやないかね。

『化銀杏』では、少年の姉はその夫に精神的に虐待されて自殺してしまう。姉を慕う少年がその夫を心底憎むのは当然だろう。つまり母（またはその代理としての姉）を想う少年（男）が男を憎むのはこうした機制によっている。鏡花も溝口も、ともにそうであったと想える。そして男への憎しみは、社会的・経済的な強者への反撥となる。弱者への思い入れ（同情）もそこから生じる。

こうしてサイレント時代の溝口は、グロッス、鏡花、ロシアアヴァンギャルドの影響を受けつつ、「階級闘争」（金）と「男女争闘」（色）を描こうとしたわけだが、もう一つここに溝口の実生活における問題を提出したい。それは嵯峨千枝子との結婚のことである。

溝口と千枝子の出会いについて、岸松雄『人物・日本映画史Ⅰ』（ダヴィッド社、1970年）は次のように書いている。

背中の傷跡がすっかり消えないうちに（1925年5月、溝口は同棲していた一条百合子に背中を切られるというスキャンダルをおこした＝佐相註）溝口には新しい恋人ができた。芸名を嵯峨千枝子といって、歌川ルリ子（後年サトウ・ハチロー夫人となり、戦後死亡）などの仲間で、大阪でダンサーをしていた。田島智恵子というのが本名で、上州の生まれだ。上州といえば、カカア天下にカラッ風で有名だが、それ以上に国定忠治、大前田英五郎などの大親分の産地として知られている。田島智恵子も大前田英五郎の血をひいていた。そのせいか勝気で、男まさりの気性だった。溝口の好きな女は、例外もないではないが、どちらかといえばふとっていて、勝気で、男まさりの気性の持主がほとんどである。

（590ページ）

松本克平『日本新劇史』（筑摩書房、1966年）によると、千枝子は「佐藤紅緑の新日本劇から来た女優」だということだが（634ページ）、佐藤紅緑を盟主とする「新日本劇」は1915年9月に旗揚げし、1916年6月に解散した（367〜374ページ）。岸松雄によれば、次のようになる。

いまでこそ千枝子はダンス・ホールに勤めているが、元を洗えば佐藤紅緑の新日本劇出身で、浅草金竜館のオペラの踊り子だった。大震災で東京にいられなくなり、一座の男女優たちは楽団とともに関西落ちし、神戸の大親分川瀬健二のもとに身柄を預けた。

（『人物・日本映画史Ⅰ』591ページ）

溝口がペラゴロであったことは有名であるが、未来の妻がそこにいるとは知らずに浅草オペラに通い詰めていたことになる。その溝口が千枝子と知り合ったのは、中野英治に誘われて大阪のダンスホールに行ったからだが、二人は1926年12月24日に肉体関係を結んだ（同右、591ページ）。そして翌1927年8月、永田雅一の媒酌で二人は結婚式をあげた（592ページ）。

千枝子はいつの頃からか判らないが、結婚後、京都のエラン・ヴィタール小劇場に所属していたことがある。1929年1月の演技部のなかに嵯峨千枝子の名前があるというし（松本克平『日本新劇史』633ページ）、1930年9月公演の『塵芥掃除組合』や1932年10

月公演の『トパーズ』にもクールトア役で出演しているという（同、635〜640ページ）。千枝子は女優として、あるいは他の仕事を持って女性として男性に頼らずに生きていきたいという希望があったらしい。そのへんを物語る貴重な手紙のやりとりが、池川玲子『「帝国」の映画監督　坂根田鶴子』（吉川弘文館、2011年、20〜21ページ）に紹介されている。それによると、妻の千枝子が家出をした時の、溝口の坂根田鶴子に宛てた1934年4月10日付の手紙に次のようにあるという。

私の不徳、女性に対する認識の足らなかったことからこんな悪い結果を生み実人生の観方の不足からも、男性としての僕からも、まことに恥ずべきものであると現在ではそれのみを深く自分を鞭打っています……私を中心とした生活の考え方（現在の日本では多く在様なのですが）それが彼女には気の毒でした。私の不徳悪いところも彼女の現在の心を助長させせました。……今になって彼女のために想い案ずることは□□にして街頭に出て女優としての又は□□職業婦人として勇ましく戦ひ□□成功する□□何かつまづきはしないか不幸な結果が来はしないかそれのみです。なにか通信があったらあなたを通じて私のこの心持ちと援助はおしまないむねを伝えてください。頼みます。それからあなたが此五年間真実に私の家庭と接し共同していて下さったのですから感想と批評を聞かせてくださいまたこれと呼応するような千枝子から坂根に宛てた手紙（月日不詳）も遺されているという。

他人に頼って生活する方が楽だと思う連中ばかりの中に頼らずに生きようとする私の主張はこんなに苦しまねばならないのでしょうか。Mと千枝子のこの解決は今の所それにたいして何の希望も持ちません。……男と女とが目的のために犠牲になるか犠牲にするか一つです。人と変わった性格の持ち主であることは女の場合それは差当り不幸だとも言えるかもしれませんね

溝口は実生活において、女性の自立の問題に直面し、そこにおける自らの男性としての無理解とその克服に悩んでいたのだ。まさに「男女争闘」の真っ只中にいたといえる。そして監督としての溝口は『唐人お吉』（1930年）において女性の自立の問題を提起している。『唐人お吉』のシナリオを書いた畑本秋一はシナリオ執筆前に次のようなことを書いている。

お吉が『ラシヤメン』として生きなければならなかつた背後には、かうした大きな『国家的』の『利害関係』が横たはつてゐたのである。かうした例は古今東西に稀らしくない。支那では『王昭君』呉越戦史の『西施』西洋では『モンナ・ヴンナ』などをはじめとしてその時代よりもはるかに婦人の覚醒せる『現代の資本主義社会』に於てすら、すべての政

権を『男性』が握つてゐるため、『婦人達』は依然として彼等の『利害関係の道具』として使用されつつあるのである。『資本主義的争闘』のほかに『男子対女性』の問題について、『現代』は更に一ツの大きな『疑問』を蔵してゐるのである。『戦争と狩猟』とが男子の役目だつた『原始時代』から『資本の争闘』に移つた『現代』に於て、『婦人』は依然として『矛盾せる風習』を繰返してゐるのである。

（「蚊軍と争闘しつゝ――いまはもう既に眠れる唐人お吉を考へる――」『劇場街』１９２９年９月号）

畑本も溝口と同じように、というか溝口も畑本と同じと言った方がいいのか判らないが、「階級闘争」と「男女争闘」とを関連して考えていることが判る。そして原始時代から資本主義の現代まで、男性が権力を握っているために女性がその「道具」として使われていることは変わらない、と認識している。だから『唐人お吉』という幕末から明治初頭の話を現代と結びつけてシナリオは書かれている。

『唐人お吉』のシナリオそのものは残っていないが、その撮影台本の一部と思われるものが京都文化博物館に坂根田鶴子関係資料として所蔵されている。その全文は拙著『溝口健二・全作品解説10』（近代文藝社、２０１３年）に掲載した。撮影台本は二種類あり、便宜上それを「A稿」「B稿」と名付けたが、私の考えでは「A稿」が当初のもの、「B稿」が後のもので、実際に撮影されたものに近いと思われる。その「A稿」の方の最後近く、明治時代に入って、お吉の家でお吉がお福に向かって次のように言うところがある。

「痩せても枯れても／唐人お吉は女です／男の腰巾着や玩具ぢやア／ありません／息のかよつてゐる／人間です」

「ラシヤメンだなんて／犬や猫のやうに／可愛がられて来たからこそ／あたし達は／弱かつたんです」

「人間であるからには／力強く生々と／働くのが本当です／あたし達は／無反省に喘いで泣いて／生きて来ました」

お吉は自らの過去を振り返って、「男の腰巾着や玩具」として「可愛がられて来た」「女」としての自分を否定し、これからは「人間」として「力強く生々と働く」「女」として生きていく希望を宣言している。これはお吉の口を借りた溝口・畑本のメッセージであったろう。そしてシナリオはこの後、次のように続いて終わる。

(393) 工場の汽笛

（オーバーラップ）

一画面に四つ位汽笛がD・Eにて白い湯気を立てて鳴る。

S・B・T

〝1930〟

(394) 飛行機

○飛行機がとぶ

(395) ガーフ・ツエッペリン

○ガーフ・ツエッペリンの勇姿

(396) 女子スポーツ

○スポーツ

○肉体の養成

(397) バスの女、ギヤソリンガール

○その活動振り、

○(大写) 切符を渡す手、受取る男の手が思はせぶりにするのを鋏を持つて《(ママ)》手が退ける

(398)タイピスト
○(大写) タイピストの手の活動、 panするとそばに葉巻と男の手、タイピストの手葉巻を捨てる。

(399)ダンス
○女の背に活動する男の手、
○女の足の跳躍(チヤアルストン)

(400)マニキユアガール
○(大写) マニキユアガールの手の活動
○(大写) ポケツトから手を出す男の手
○(大写) マニキユアガールの手の活動、金が出る払ひのける。またでる。また払ひのけて活動

(401)美容院
○断髪女の出現、美容術師の手の活動
○香水がふりかけられる

(402)工場の中
○機械の活動
○(大写)動く女の手
○女工の活動

(403)銀座街上
○(大写)モダン・ガールの絹の靴下、彼方へ活発に歩いて行く。

(404)工場内
○(大写)機械の活動
○(大写)忙しく働く女工の手
○(大写)機械の活動

時代は突然、現代即ち1930年になり、働く女性の様々な姿をモンタージュして終わる。ここで描かれている働く女性は二つに類別される。一つはモダンガール(モガ)と呼ばれた女性がついた新しいタイプの職業であるタイピスト、バスガール、ガソリンガール(ガソリンスタンドで給油する)、マニキュアガール、美容師などであり(前年の『朝日は輝く』で入江たか子が演じたエレベーターガールもそうである）、この頃のモダニズム文学で描かれた人種である（例えば浅原六朗の『丸の内の展情』1930年、『モダン東京案内』平凡社、1989年、所収）。それに対して最後に女工の姿が描かれる。しかしここではモガと女工が類別はされているとはいえ、対立するものとして描かれているというよりは、働く女性の様々な姿として自己主張されていると考えた方が良いだろう。このシナリオがそのまま映画化されたかどうかは不明だが（私はされていない可能性の方が高いと考えているが）、重要なことはこの頃の溝口・畑本の考えがここに窺えることである。

このように1930年の「現代」における、女子の肉体の躍動感を描き、男の「セクハラ」に抗しながら働く女性の姿をモンタージュして終わらせているのは、「唐人お吉」のような女性に対する1930年の時点からの批判がこめられている。別の言い方をすれば、「唐人お吉」のような女を克服するところに「現代」の働く女性の姿を位置づけているといえる。それは溝口・畑本の考えがかなり生な形で表出されているといえるだろう。

女性の自立の問題は、翌1931年の『しかも彼等は行く』でもテーマとなる。『しかも彼等は行く』は下村千秋の同名小説の映画化だが、下村は当時の正統左翼が非生産的で非階級的な存在として否定的にとらえていた「ルンペン」（乞食、浮浪人、立ン坊、日雇人足等）や娼婦を、プロレタリアートと無縁な存在ではなく、プロレタリアートがいつ落ちていくかわからぬ関係の深い存在であると主張し、ルンペンの解放を含めた新しいプロレタリア運動が必要だとして、「ルンペン文学」を主唱した（「ルンペンと『ルンペン文学』の発生」『読売新聞』1931年2月25・27・28日）。『しかも彼等は行く』もそうした「ルンペン文学」の一つで、本牧のチャブ屋の女として自立して生きていく篤子という女性を描いたものであった。原作の最後は、篤子が昔同じカフェで働いていたメリーに偶然会い、今は本牧のチャブ屋の女になっているメリーの堂々とした生き方に魅せられる。親友から篤子がチャブ屋にいることを聞いた夫の木川は篤子に会いにいく。篤子は、飢死しないためには堂々と毒をもって敵に向かっていく、ここでしばらく働いて金をためて、それからすべての人が平等に生きていける世界をつくるために働きたい、と木川に言うところで終っている。その部分を原作から引用してみたい。

毒を以て毒を制す、といふ言葉がありますが、あたしはこの言葉をそのまゝ実行しようとしてゐるのです。だから、その毒である敵に向つて、正面から正々堂々と闘つて行かうといふ気力で一ぱいで、この世界に入つて来たんです。どん底の世界へ堕落して行くといふやうなすてばちな気持で入つて来たのぢやないんです。（略）今のこの職業は新しいあたしの生活を築き上げて行く途中のものだといふ風に考へてゐるのです。／一年半か二年ほど働いてからあたしはこゝを出ます。その間に、生涯の生活を立てゝ行ける新しい商業なり仕事なりを始められるだけの資本を稼ぎ貯めるつもりです。さうして生活が成り立つたなら、あたしはその時こそあなたの知識を借りて、あなたがよく言つてゐられるやうな世界――すべての人が平等に働き、そして平等に生きて行ける世界を創り上げるため、お母さんのやうな犠牲者の出ない世界、あたし達のやうな職業に依つて生きて行かうとするやうな女の出ない世界、それを築き上げるために、一生涯働くつもりです。／あたしの子供は東京の場末の貧民窟に育てられてゐたんですが、あの子も大きくなつたら、あゝいふ貧民窟、あゝいふ貧民達が無くなるやうな世の中をつくり上げて行くために働く人間になるやう育て上げるつもりです。

（下村千秋『しかも彼等は行く』新潮社、1930年、180〜182ページ）

映画では検閲の関係でこうした篤子の考えの表出がそのまま描けたとは思えないので、映画の最後がどのような形になっていたのか興味があるのだが、資料がなくて判らない。加茂梟二は、「此処で母と子は全く等しい『場合』に生活しながら時代の相異は全く別個な『場合』を両者に経験せしめる。そして明日は子の経験によつて暗示されるのであるが、残念なことはそれが全く暗示に止まつて何等明確な表示を持たなかつたことである」（「日本映画月評」『映画往来』1931年8月号）と指摘しているから、やはり映画のラストは原作ほどのはっきりしたイデオロギーの表現は行わなかったようだ。

しかし筈見恒夫の、

極端に陰惨で、住み難くて、労働者と資本家が歪《いが》み合つて、二百万の失業者の溜息が巷に満ちてゐて。——若し、そんなものを映画の上で見せるならば、無邪気な観衆にいゝ影響は与へない。「しかも彼等は行く」の中に、玉の井の私娼窟が一巻程の呎数を費つて撮られてゐる——これは怪しからん！／そして、一度は此の映画の検閲保留が伝えられた。——つまり溝口健二□《（不明）》云ふ映画監督が仕事をしてゐる日本といふのは、こんな国なのである。だから、帝都東京には私娼窟なんか一つもないかと云へば、左にあらず、現実は「映画」の上のお話どころではない。／僕が「しかも彼等は行く」を賞める最初の条件は、この映画が現実の上に立脚してゐるからだ！　といふ事である。勿論、お金持と貧乏人が対立し合つてゐる世界で作者の眼が、この二つの間の関係とか、その将来といふ事に向けられない以上、そして、唯「眼」はこの二つの階級の、いずれにも則し得ずにどん底へどん底へ陥ちて行く「ぼろ屑人種」だけに向けられてゐる以上、——／僕等は「都会交響楽」の作者の一歩前進二歩退却を思はないわけにはいかん！／(略) 僕等の知つてゐるのは、この映画の主人公アツ子といふ女が今日の日本の現実中になまなましく生きてゐるといふ事だ。(略)／淫売をしたつて、奴等に魂までも売りはしないのだ。「明日」を待つがいゝ。貧しいものだけが明日を待つてゐる！　都新聞連載の通俗小説は、畑本秋一の根本的なアダプテーションによつて見違へる程の鋭い顔つきになつたのである。／此処に、通俗恋愛映画と、母性愛映画、あらゆる御用映画に対する反抗がある、否定がある。溝口健二の精進たゆまざる映画的良心がある。新しい内容は、やがて一つのスタイルを産み出してゐる！　野心的な溝口健二の全貌を見て呉れ。

（「しかも溝口健二は行く」『日活映画』１９３１年８月号）

といった、原作よりも映画の方が「鋭い顔つき」になったという見解もあった。筈見は『しかも彼等は行く』が「ぼろ屑人種」（すなわちルンペンのことだ）を描いているゆえに『都会交響楽』よりも「一歩前進二歩退却」と評価しており、「ルンペン」を積極的に評価しようとしている下村とは立ち位置が違っているが、『唐人お吉』のことを考えれば、溝口・畑本が「ルンペン」としての女性、娼婦としての女性を積極的に描いたことは確かであろう。京都文化博物館に所蔵されている坂根田鶴子関係資料の中に『しかも彼等は行く』の箱書がある（拙著『溝口健二・全作品解説10』近代文藝社、２０１３年、２８４〜２９１ページ参照）。

篤子と木川がゴロツキから逃れて、菊富士ホテルに落ち着いたところで、唐突に（と思える）職業紹介所・公園・月島の無料紹介所・深川・富川町・大鉄橋などに屯する失業者や、商館の前の大勢の応募者、鉄道線路・街道を歩く帰農者のなどの姿をおそらくモンタージュ風に描いていることが判る。溝口は『都会交響楽』でも富川町の立ン坊の姿を隠しカメラでとらえたのだが、『しかも彼等は行く』でもそうした立ン坊や失業者の群をおそらく実景としてとら

164	L
?	ホテルの表

＝

165	S
一木、梅村	全ホテルの一室

＝　S　B　T

166 — 170 迄	L
公園 月島の無料宿泊所 深川、富川町 大鉄橋 （失業者）	職業紹介所

—
S　B　T
—

171	L
（応募者大ぜい）	商館の前

—
S　B　T
—

172 — 174 迄	L
街道 鉄橋の上 （帰農者）	鉄道線路

＝

175	S
梅村、一木 月給袋、母親からの手紙 毛布	菊富士ホテルの一室

えたことは、篤子のような性的労働に営む女性をも彼等と同列のものとして描こうとしたことを示しているだろう。

木下千花は『溝口健二論』(法政大学出版局、2016年)において、

一九二〇年代から遺作『赤線地帯』(一九五六年)まで、映画作家・溝口健二にとっての特権的主題とは、まさに日本近代の問題たる「創造された伝統」としての封建的権力関係であり、具体的には、生産と再生産が分離されない家族経営の小売/卸売業——売春宿も含む——を舞台として、人格支配を伴う搾取と葛藤を描くことであった。

(466ページ)

と指摘している。この木下の文に触発されて、ここでの私の文脈の中にとらえかえしていくならば、溝口は『唐人お吉』や『しかも彼等は行く』において、ラシャメンや娼婦を性労働に従事する「ルンペン・プロレタリアート」ととらえ、組織された労働者(プロレタリアート)の力だけでなく、根無し草のように見える「ルン・プロ」の力も、資本主義を倒す上で重要なものであり、両者ともどものもの解放こそ未来を開くものだと考えていたのだと思える。筈見恒夫はこう書いている。

写実的な手法が、下村千秋のルンペン小説を映画化した「しかも彼等は行く」では生きてゐる。その写実は、鋭く対象を暴露する。構図の美しさは、醜いもの、歪んだものを美化して見せる。後年の「浪華悲歌」の萌芽とも云ふべき冷たい社会批判が閃いてゐる。彼はロケーションのために、深川の細民街や、江東玉の井、横浜本牧にまでキャメラを持込んだといふ。

（『映画の伝統』青山書院、1942年、287ページ）

『浪華悲歌』はメロドラマ的な湿り気を排除し、ヒロインの山田五十鈴に感情移入することを拒否して、あたかも科学者が対象を観察するかのごとく冷たくつきはなして女の姿を描いた作品である。それと同質のものが『しかも彼等は行く』にあったと筈見は見ているのだ。そして『浪華悲歌』との関係でいえば、そのシナリオを書いた当の依田義賢が、『溝口健二の人と芸術』（田畑書店版、1970年）において、『唐人お吉』と『しかも彼等は行く』の二作が「溝口さんの芸術の基礎となったものではないかと思います」と述べ、その「理由は、自然主義的なリアリズムが溝口さん独自の、力と感覚によって定着したかと思うから」ですと書き（37ページ）、さらに次のように述懐している。

私は『しかも彼等は行く』を撮影所の試写室で見たとき、これが、僕の求めていた映画だと大きい感動をおぼえたのを忘れません。私は、幼いながら、玉石混合、垢でよごれたような映画、そういうものを書きたいと思っていて、世間知らずでいましたから、それをどういうところに求めたらいいのかわからなかったのです。しっかりわかりませんでしたが、モリエールやモウパッサンのものを読んで、何かしら、そんな惹かれ方をしていましたし、谷崎潤一郎氏の作がいちばん好きだったのです。『しかも彼等は行く』は、検閲でずたずたに切られて上映され、口惜しがったものでした。

（41〜42ページ）

当時日活の脚本部に所属していた依田の処女シナリオ（村田実と共同）『海のない港』（村田実監督）が封切られたのが1931年9月、『しかも彼等は行く』封切り三カ月後のことである。その新米シナリオライター依田義賢が自分が書きたいと思っていた「垢でよごれたような映画」の見本を『しかも彼等は行く』のなかに見たのである。依田はこれから五年後に初めて溝口と組んで『浪華悲歌』『祇園の姉妹』を書くことになるのだが、その間に溝口はいわゆる「明治物」を続けて監督することになる。鏡花ものの『滝の白糸』『折鶴お千』や、『唐人お吉』と同じく大きな政治の力によって翻弄される男女を描いた『神風連』など都合六本の明治物を作り続ける。そしてその後に『浪華悲歌』がくるのだが、前に述べたようにそこにはバルザックの影響が感じられるようになる。だが考えてみると、その前の明治物へのこだわりの中に既にバルザックの影響があったのではないかと私は推測する。というのはバルザックは歴史の中の人間を描いた作家だからである。水野亮『バルザック　人と作品』（白日書院、1946年）は次のように指摘している。

『人間喜劇』la Comédie humaineは、作者の抱負に従ふならば、「十九世紀仏蘭西の完全な社会史ともいふやうな、尨大にして委曲を盡すべき物語」である。更に多くの解釈家に従ふならば、そこに収められた八十いくつかの箇々の作品は、それぞれ立派に独立してゐる小説には違ひないが一面またいろんな関係において堅く結びつきながら、有機的な一体を形づくるやうに仕組まれてゐる。

（10〜11ページ）

『人間喜劇』は、（略）横に見れば、十九世紀仏蘭西全土の大パノラマである。すぐれた人文地理である。縦に見れば、同時期の政治経済史であり、詳細を極めた風俗史であり、思潮史である。年代をいへば、大革命直後から二月革命直前に及ぶ五十余年の活きた歴史である。大革命後の王党一揆、帝政時代の秘密警察の活躍、ブールボン王家の帰還、王政復古時代の貴族社会、金権の漸増的な威力、ジャーナリズムの跋扈、その他二月革命を醸成した事象のすべてがここに描かれてゐる。階級史的に見れば、勃興期ブールジョワジーの旺盛な食欲と貴族階級の伝統の没落と、それにプロレタリアートの未来の役割の予言がここに描かれてゐる。さうして縦と横のこのやうな岩乗骨格をもつ『人間喜劇』には――パリの横丁に、ブールゴーニュの山奥に、ロワールの河のほとりに、実に二千の人物がばらまかれてゐるのである。上はイエナ会戦前夜のナポレオンから下は田舎の乞食女まで、あらゆる階級と身分の変化を示すこの夥しい人物が、或ひは泣き或ひは笑ひ、一人は叫び一人は囁いて、この不思議な世界を右往左往してゐる。

（14ページ）

バルザックが自分が生まれた少し前のフランス革命の頃から彼の生きた現在までの歴史において「人間喜劇」を描こうとしたように、溝口も自らが生まれた三十年ほど前の明治維新から現代までを映画で描こうとしたのではないか。それが明治物への固執となって、その時代と男女の姿を描こうとあがいていたのではあるまいか。バルザックほど経済（金）の問題を小説に描いた人はいないと言われるほど男女関係を描く時にも、「金」のことを執拗に細かく描いてきた。

ラシーヌやコルネイユの昔は論外として、バルザックと同時代のメリメ、ジョルジュ・サンドなどの主人公の境遇身分を思ひ浮べてみるがいい。なるほどそれらの人物は一応の身分を規定されてはゐるが、さてよく考へてみると甚だ漠たる存在である。読者はわが身に引きくらべ、彼らがどうしてその日その日を過してゆくか一向に分らないといふであらう。ところがバルザックの人物には、必ず経済生活の裏打ちがしてある。小説の筋が繰り出される前に、登場人物がいかなる職業を営み、どれほどの収益を挙げ、どんな暮しをしてゐるかといふことが、をかしいほど克明に説明されてゐる。バルザックは従来の作家があまりに卑賤些細な事柄として取りあげることをしなかつた問題を手当り次第に浚ひ込み、金銭問題を恋愛よりも更に恒久かつ重要な主題として小説の世界に持ち込んだのである。登場人物の経済生活の描写を小説組立ての基礎工事として真先に取りあげ、次にひろく法律、政治、宗教、科学、産業、軍事、芸術など、およそ近代社会の形成過程において経済と密接不離の関係にある社会事象ならば、美醜上下の如何を問はずこれに犀利な観察を加へたのである。要するに小説の題材を驚くほど広範囲にわたつて開拓し、小説といふ概念を一変せしめたこと、――何よりもまづこの辺に、前代と違ふバルザックの特色が認められる。

（水野亮『バルザック　人と作品』白日書院、１９４６年、２６６〜２６７ページ）

溝口の映画にはここまでの細かさはないが、文学と映画の表現方法の違い、特徴を反映するかのように、溝口は画面に紙幣を大きく強調して写し出すことで、人間における金の問題の重要さを描いていく。男女の問題は金との関係で描かれていく。そこに溝口とバルザックの共通点がある。そこをとらえるなら、溝口のバルザックの影響はさらに遡るといってもよい。ただ、「登場人物のキャラクターがそれぞれその時代に密着し、かつ時代と対決していい《ママ》といった作品」「歴史的社会的人間の典型を描いていい《ママ》といわれるバルザック作品の諸人物。あの人間臭い人間のさまざまな性格。その千変万化のキャラクターを今日の日本映画の世界へそのままそつくり移しかえてみたい」（「スタアの変革から」『キネマ旬報』１９４９年4月上旬号）という溝口の思い、そういう意味でのバルザックへの思いが実現し始めるのは『浪華悲歌』からであるように思える。ある人間を否定的に、ある人間を肯定的に強調して描くというよりは、否定的な人間も、肯定的な人間も、一歩引いてそのそれぞれの性格のままに作品の中で魅力を放つような存在として描いていくこと。そこに「馬鹿な奴らが一所懸命世の中を生きてるんだ。それが微笑ましいし、可哀そうだし、何といい奴じゃないかというのをすべてひっくるめて、突き放して描くんです」（「成澤昌茂インタビュー」『溝口健二集成』２４０ページ）という溝口最後の言葉の意味があるだろう。そしてその溝口の意図は遺作の『赤線地帯』においてかなりの程度実現したといえるように思う。

四、ブルーノ・タウト

溝口が建築に関心を持っていたということを示す資料はないようだが、『滝の白糸』における龍谷大学、『折鶴お千』におけるニコライ堂、そして『虞美人草』における下村正太郎邸と龍谷大学、そして『浪華悲歌』の村野藤吾作品の描写を見れば、映画人にとっては当たり前のこととは言えるが、建築への関心は深かったと考えられる。溝口映画に描かれた建築物の研究がほとんどなされていない状況なので、これから彼がどのような建築（家）に興味を持っていたかが判ってくるかも知れない。拙著『溝口健二・全作品解説13』（近代文藝社、２０１７年）で述べたように（２３０〜２３５ページ参照）、下村邸には１９３３年５月３日からナチスを避けて日本にやってきたブルーノ・タウト（１８８０〜１９３８）が滞在していた。そのタウトが村野の森五商店を賞めたことは既に述べたが、タウトと村野には他にも因縁がある。来日したばかりの１９３３年５月10日に大阪の朝日会館で、日本インターナショナル建築会の企画による「新興建築講演会」が開かれ、そこでタウトが講演したのだが、その前座として日本インターナショナル建築会の中西六郎と中尾保、それに外部から滝沢真弓と村野藤吾がそれぞれ講演をしたのである。村野のそこでの講演のタイトルは前に紹介した「日本に於ける折衷主義建築の功禍」であった。そして同日のタウトの講演は「日本建築と西洋建築との関係に就ての第一印象」という題であった。その中に次のような一節がある。

私は少年時代から日本の文化に付て非常に興味を有ち、又ウヰリヤム・モーリスの時代から英国人が日本に付て種々知つて居ると云ふことに付て非常に尊敬の念を有つて居りました。（略）日本の芸術が欧羅巴の芸術に与へた最も好い点と思はれるのは、自然物を非常に立派に芸術化して居ることでありまして、例へば海や湖水の水の動き或は流れと云つたやうなものを形のみならず色彩までも非常に洗練されたものとして現して居ると云ふやうな点であります。

（『建築と社会』１９３３年６月号、上野伊三郎訳）

このようにタウトは既に日本に来る前に、日本の芸術が自然を芸術化していることを理解していたが、日本に生活して一年以上経った１９３４年８月３日の日記に次のようなことを記している。

私は昨日、朝の散歩の途すがら明らかに日本音楽に取りいれられている音声を耳にした、――蛙の鳴声である。日本の蛙は美妙な声で鳴く、ヨーロッパ人にとっては『非音楽的』に響く蛙の声が、三味線や箏の音に通ずるところがあるのだ。昨日はまた非常に抑揚のある囀り方をする小鳥の声を聞いた、その場所は地上から二百米も高い処であったからもう蟬は鳴いていない。私は眼をつぶってこういう自然音に耳を傾けているうちに、日本音楽家に盲人の多い理由が釈然とした、この人達は日本画家と同じく、最も単純な手段を用いて自然の音声から最大の効果を引き出したのである。

（『日本―タウトの日記―一九三四年』岩波書店、1975年、篠田英雄訳、387～388ページ）

タウトは眼で見ることを重視した建築家であるが、これを読むと耳で聞くことにも繊細な感覚を持っていたことがよく判る。眼が見える者よりもはるかに鋭敏な聴覚を持っていたと想像できる盲人達が自然の音を聞いて音楽を創り出していったという発想は私には十分すぎるくらい納得できるものであった。

ところで日本音楽についてタウトは1934年8月25日の日記でこうも言っている。

確かにバッハの作品はそれ自体としては力強い、だが現代の平板無味な音楽や流行音楽の様式は、二百年前のすぐれた古典音楽とはもう没交渉なのだ、現代ヨーロッパの音楽には、創造力が皆無でないまでも頗る貧寒である。ところが日本音楽では、個々の音がそれぞれ独自の価値をもっている。これらの音は、（原則としては）曖昧に混淆されることがなく、また抽象的な理論（対位法）の圧力下に置かれることもない、一つびとつの音はその時々の芸術的『気分』（風流）によって自由に結合されるのである。それにまた古典的な日本音楽にもしばしば『ヨーロッパ的』要素が含まれているから、決して理解しにくいものではない、外国人はきまって日本音楽は判らないと言うが、それは耳がもう音楽的に毒されているからだ。しかし毒されているのは音楽的感覚ばかりでない。概念的形式が芸術を支配し（現代建築だってそうだ）、その空疎がしだらのない感情陶酔かさもなければ浮萍のような根もない空語によって充されているのである。こういう風船玉のような感傷は、所詮心の疾病にほかならない。

（『日本―タウトの日記―一九三四年』417〜418ページ）

さて「新興建築講演会」の会場となった朝日会館は、1926年、大阪朝日新聞社が中之島につくった文化施設で（1962年閉館）、溝口もこれにからんでいる。というのは溝口の『朝日は輝く』（1929年）は大阪朝日新聞五十周年記念の一環として製作された宣伝映画で、新聞が出来上がるまでを描いた実写部分を含んだ活劇仕立ての物語であったが、その中に朝日会館が出てくるのである（拙著『溝口健二・全作品解説6』近代文藝社、2009年、参照）。『大阪朝日新聞』1929年3月24日に掲載された粗筋によると、オーロラ号遭難事件が起こり、朝日新聞社社会事業団の救護班が遭難者の救護にかけつけ、さらに「慰問金品の受付を開始し、早くも慰問金募集の各種の催しが朝日会館に企てられた」という一節がある。『朝日は輝く』の現存プリントは封切り時の長さの四分の一程度の短縮版しかないので、救護班かけつけのシーンはあるが、朝日会館の催し物のシーンはない。しかし『大阪朝日新聞』1929年2月27日の報道に、「早くもセットの撮影を始める一方、溝口、伊奈両班六十余名は、本社に出張して多数のライトを据ゑつけ、印刷工場、営業局、朝日会館等の諸設備を大半撮影し了はり、二十六日は編輯局内で編輯の状況を撮影した」とあり、朝日会館がこの映画に出てきたことは確かであろう。映画は同年3月27日、「大阪知名の士千六百名を招待して朝日会館で」試写鑑賞会が開かれたのである（『大阪朝日新聞』1929年3月28日）。その溝口馴染みの朝日会館で、四年後にタウトと村野の講演会が開かれたわけだが、溝口がこの講演会に来た可能性はあるだろうか。1933年5月10日というと、『滝の白糸』撮影の終盤にかかっている頃だから、その可能性は薄い。

ところでタウトの日記には村野のことも書かれているので、それを列挙してみる。

夜、下村氏が話しにくる（大阪の建築家村野氏、実業家及び画家も一緒）。
（1933年6月11日、『日本―タウトの日記―一九三三年』岩波書店、1975年、篠田英雄訳、130ページ）

これは朝日会館での講演から一カ月ほど経った時のことだが、ここで村野とタウトの間でどんな話がかわされたのか、興味深いことだが、タウトはこれ以上のことは何も書いていないし、村野の方の資料を見ても何も判らない。

大阪へ。（略）なにしろ暑いのですっかり疲れた。屋上のレストーランへ入る。旧と新との奇妙な取合せだ。（村野氏の設計したカフェ）、三階と四階とには日本料理屋と待合とがあった。伊藤、中西の両氏もいっしょである。あとから中尾氏も加わる。日本料理の御馳走、格別のことなし。目もあやな夜景、心斎橋通りは煌々として昼を欺くばかりだ、艶消し電燈と色さまざまなネオン燈。橋のあたりの賑わい、どの家も電燈広告やネオン・サイン或いは提燈で飾られている、その光が河水に映じてゆらめく美しさ。歓楽街は東京のよりも大分品がいい。

（6月23日、同右、147・149ページ）

※佐相註＝「村野氏の設計したカフェ」には訳註として「大阪市道頓堀のカフェ赤玉」とある（同右、150ページ）。

遠藤女史、二人の建築家及び斉藤氏と、建築の写真をとりながら東京中をドライヴする、女史の編輯している雑誌へ写真入りで『新建築小探険行』という一文を寄稿するためである。こうして発見した建築がいくつかある。——亡くなった中年の建築家の手になる好ましい住宅（十五——二十年前の建築）、大阪の村野氏の設計した非常に端正なビルジング、佐藤氏の手になるモダンな住宅。これは日本と現代的なものとの美しい結合だ。実に沢山の建築を見たし、私もまた写真を撮った。

（9月23日、同右、234ページ）

この日の取材の成果が『婦人之友』1933年11月号の「新建築小探検行・ブルノ・タウト氏と東京を歩く」となって結実し、そこでタウトが村野の森五商店を高く評価したことは「第二章の三」に述べたが、タウトの日記に「二人の建築家」とあるのは、蔵田周忠と吉田鉄郎のことであり、「亡くなった中年の建築家の手になる好ましい住宅」というのは後藤慶二の設計した住宅のことであろうと長谷川堯は推測している（『村野藤吾の建築　昭和・戦前』鹿島出版会、2011年、273ページ）。そう、あの村野が師事した後藤慶二である。「亡くなってすでに十四年もたち、日本の建築界の中でもその存在を忘れ去られはじめていた後藤慶二の作家としての優れた才能を、通りすがりに見て評価した眼力には、正直なところ驚くしかない」と長谷川は述べている（同右、273ページ）。

大雨のなかを電車で帰途につく、二回乗りかえる、途中で村野氏に会う。

（10月2日、同右、262ページ）

※佐相註＝この日、タウトは宝塚に行き、京都へ帰る途中で村野に会ったというのである。偶然出くわしたのであろうか。それとも待ち合わせていたのか。

夕方、大阪の村野氏の招待で下村氏及び上野氏と『舞子ホテル』に赴く。
（10月13日、同右、289ページ）

※佐相註＝「舞子ホテル」というのはどこにあったのか？

タウトの日記に村野の名がでてくるのはこれですべてである。この後、1933年11月4日、仙台国立工芸指導所の顧問となったタウトは仙台に向かうべく下村邸を出た。しかしその後も、タウトは時々京都を訪れて下村邸に泊まったりしている。タウトがトルコに向かって離日したのは1936年10月15日のことである。

タウトと村野の関わりについて、長谷川は次のように書いている。

タウトも村野も、十九世紀から二十世紀に至る時代の激しい歴史的変化の中で、その流れを断ち切って全く新たなものを創出しようとしたのではなく、その流れの中から、自分自身の〈建築〉を創り出そうと必死にもがいていたのである。〈過去〉を断ち切るという名目の中で、そうした歴史的な流れを切り捨てて、一切の拘束を離れて唯々《近代主義《モダニズム》》の建築だけを目指す中で、自分たちの建築をも創造しようとしていたわけではタウトも村野もなかったのだ。

（『村野藤吾の建築　昭和・戦前』279ページ）

ところで今日の時点から客観的に考えてみると、そのように建築家としての近い立場に立っていたタウトと村野ではあったが、その後の約三年間にわたるタウトの滞日中にも、この二人の間にはほとんど交流がなかったことが、タウトの日記や、村野の生前の談話などからも窺える。この二人の間の〝疎遠〟な関係の最大の原因は、タウトが来日したばかりの時の講演会にゲストに呼ばれた村野が、「日本に《(ママ)》おける折衷主義の《(ママ)》功禍」と題した講演を行って、そこで《モダニズム》批判を行い、タウトに対してというよりも、タウトを招いて利用しようとするような日本の「新興建築家」たちを痛烈に批判したことに起因していたように思える。（略）その結果、タウトの滞日中に彼を取り囲み、彼の生活の手立てを世話をしたり、日本各地を案内したりした建築家たちの多くは、この講演会以後、村野をタウトに近づけないようにしていたようにも思われ、（略）こうした村野と「新興建築家」たちとの間の〝ギクシャクした関係〟を、タウトもそのうちに察知するようになったはずであり、やがてタウトも村野を警戒するようになり、そこから彼は「森五商店」以後、彼が滞日中に見ることができたはずの、それ以後の村野の作品についてコメントすることは、一切なくなってしまった状態のまま、一九三六年、日本を離れてトルコへと去り、再び戻ることもなくそこで他界した。

（同右、２８０〜２８１ページ）

タウトも村野も一つの「イズム」にこだわることがなかった、とここで長谷川は言っているが、村野は晩年に、

現実には、様式はもうないんですけどね。（略）何にもないんですよね。近代建築という言葉が出ましたがね。それさえも私にはない。建築一般はありますが、建築一般というと人間を語ること、社会を語ることと同じですからね。様式も近代建築もない。そういうことを意識したことはありません。

（『建築をつくる者の心』ブレーンセンター、1981年、17ページ）

と語っている。この「様式」を「イズム」と置き換えることができる。溝口もまた一つのスタイルにこだわっていたわけではなかった。溝口というと「長回し」や「ロングショット」が有名だが、しかし彼はそれに固執していたわけではなかった。

「浪花悲歌《ママ》」や、「祇園の姉妹」あたりから、自分でも人間に対する観察というのか、ものを見る目がふっ切れて来たと思つている。／ワン・シーン——ワン・カットというキャメラをロングに置いて、カットを使わない芝居をやつたのは、あのころからだね。（略）一つの人間の心理を盛りあげて行きたいから、あゝいう手法を、自然と選んだんだね。／一つの

構図の動きの中で、人間の心理が盛りあがつて来る。そいつを、カットして、ポツンと切るのが惜しくなるんだ。そのまゝ、押せるだけ押していきたい。それが、あゝいう手法になつたんで、とくに意識したり、奇をてらつたりしたわけじやない。永い間、サイレント映画の芝居から脱し切れなかつたぼくは、あのころ、クローズアップによる心理描写から逃れようとして、いきおい、あゝいう手法を選んでしまつたんで、むろん、ぼくのようなやり方だけが、正しいなんて思つていない。／現にぼくにしたつて、いわゆる溝口流の手法や、題材にばかり、執着しているわけじやない。サイレントにはサイレントのとり方があり、トーキーにはトーキーのやり方がある。

（筈見恒夫「溝口健二芸談」『東京新聞』１９５０年８月６日）

映画にはアップはやはり必要ですよ。ロングの画面にはそれなりに場面の人物の心理の葛藤はある訳だが、もつと複雑な人間の心理を描くためには、どうしてもクローズ・アップが要る。（略）ロングだとかアップだとかいつても別にどのカットをどうつながねばいけないという約束がある訳じゃない。理論といつてもモンタージュ論ぐらいのものでしよう。結局その監督のクセが一番よく現われているものが面白いんだね。

（溝口健二・滝沢一「演出以前」『映画評論』１９５２年12月号）

溝口の「二つの流れのコンデンス」という考え方については既に述べたが、タウトは「一つの挨拶」（トルコでのタウトの作品展覧会開会式［1938年6月］の挨拶）においてこう述べている。

私たちが心して求めねばならないのは、旧い伝統と現代文明との総合であります。それには、およそ一面性——つまり一辺倒をいっさい斥けねばなりません。私といたしましては、これまでこのような考えをもって歩んでまいりましたし、また今日でもこのことについてはまったく変りがございません。でありますから私は、一定の外的な形式を固執したり、或いはまた何か個人的な様式——と申しますのは、自分の作品であることを一目でわからせることのできるような様式を作り出そうなどとは夢にも思ってみたことがございませんでした。昔の巨匠たちは、今もこう私に教えます——一方に偏しては、高い質を創造することはできない、と。

（引用はブルーノ・タウト『続　建築とは何か』鹿島出版会、1978年、篠田英雄訳、228ページ、による）

タウトの言う「旧い伝統と現代文明との総合」とは、伝統を現代に活かすということではなく、伝統と現代に共通する普遍的価値を見出すことであったろう。タウトはこう言っている。

我々は旧い時代の作品をいかに学ぶべきであらうか。／（略）それには昔の精巧な技術を細かなところまで学び取らうとする意図をまつたく捨て、また凡そ模写や模倣を始めから止めねばならない。さうすると今まで知らなかつた新らしいことがおのづから判つてくる。つまり往時の名匠達は色々な点で実に『現代的《モダン》』であり、彼等と我々との間には結局さして大きな隔りが無いといふことである。さうなると我々自身も自分達の行手に心強さを覚えるであらう。なるほど釣合の美しさは時代を異にするにつれて現れる形を変じはするが、然しその本質は不変だからである。いづれにせよ建築は、人間の具有する或る感覚——即ち均斉或は美しい分割に反応する感覚を実際に満足させねばならない。／また我々は、いつの時代にも建築がその思想を具現するにふさはしい技術を産んだのであり、決してその逆でないことを知るであらう。／雄渾にしてしかも典雅な往昔の建築が、いづれもすぐれた技術の所産であることは言ふまでもない。然し精巧な技術さへあれば偉大な建築美を創造し得ると考へるのは、蓋し危険な謬見である。

（『建築芸術論』岩波書店、１９４８年、１００〜１０１ページ）

『建築芸術論』は、タウトが１９３８年にトルコで出版した初版の篠田英雄による日本語訳版であるが、その新訳は沢良子・落合桃子によって『タウト建築論講義』と題して２０１５年に鹿島出版会から刊行されている。その新訳では「釣合」のところは「プロポーション」というように原文のまま表記されている。そして沢良子によれば、この「プロポーション」こそ、この本における「すべてを貫くキーワード」ということになる（「解題――『タウト建築論講義』について」）。このようにタウトは建築における「プロポーション」（釣合）を重視するが、「釣合の美しさは時代を異にするにつれて現れる形を変じはするが、然しその本質は不変だから」、伝統は即現代であるというのである。「建築とは、プロポーションが一切を支配する抽象芸術なのです」（『タウト建築論講義』16ページ）とするタウトは、プロポーションの哲学的意味を、「古人の跡を求めず、古人の求めしところを求めよ」という芭蕉の言葉のなかに求め、次のようにいう。

プロポーションは（略）変化に従う概念でもなく、時間の変化を前提とした物語でもありません。人間が持つある一定の感覚を満足させられなければ、建築はその存在意義を失います。このような感覚は根本的に変化することがないため、異なった反応をするならば、その前提そのものが違っていることになります。これは当然の経過であり、気候やその他一切の条件に照らして、ある建築物を考察すると、建物とその前提条件が結びつく統一体があることがわかります。この統一のなかで、プロポーション、つまり均整が支配しなければなりません。

（『タウト建築論講義』53ページ）

ここでタウトはプロポーションは時代によって変化するものではなく、人間が持つ一定の感覚（これは根本的に変化することがない）を満足させるものである、という。タウトが桂離宮をギリシャのパルテノン神殿に並ぶ建築として高く評価するのは、

桂離宮は、そのいっさいの要素に関してすぐれた社会――すなわちその各成員が号令や強制をまたずに、おのずから美しい調和を形成しているような社会に比することができる。もし建築家が、今日よりもすぐれた自由社会にふさわしい建築の原理を求めようとするならば、彼は桂離宮を仔細に研究せねばならない。

（ブルーノ・タウト「すぐれた建築はどうしてできるか」『建築とは何か』鹿島出版会、１９７４年、篠田英雄訳、２１８ページ）

※佐相註＝「すぐれた建築はどうしてできるか」は１９３６年3月に執筆された。

からである。そこに「人間が持つある一定の感覚を満足」させるものがあるとタウトは理解したのである。そしてタウトは、溝口が、というよりほとんどの近代以後の日本の知識人が悩んだ日本文化と西洋文化の関連については、明確に次のように語っている。

日本の若い人達は、知らずしらずヨーロッパの文明の形だけを見てこれに憧れ、また単純

な人達や地方の人達はそれを無意識に真似るものである。だがこの国土に根ざした欲求と、ヨーロッパ文明に関する知識とのあいだには、今のところまだ大きな矛盾があり、これが反省的な若い人達を深い憂鬱に陥れるのである。多くの学生やまた知識階級に属する人達が甚だしく悲観的な理由は、このような見解によってのみ説明され得ると思う。この人達は西欧から多くの――恐らくは多すぎるほどの文物を学んだ、しかし東洋と西洋とのあいだに存する思考方法の相反はとうてい克服することができないと考えているようである。だが両者の思想が、常にまた永久に背反せねばならないという理由はまったく存在しないのである。／究極の統一を指示する宇宙の法則に従えば、東洋と西洋とはけっきょく調和一致せねばならない。この二大文化領域をまだ徹底して掘り下げないからこそ、そこに幾多の矛盾や相反が生じるのである。そうなると自国に特有の文化の把握さえ不確実にならざるを得ない、まして外国文化を正しく摂取するという態度をとることがどうしてできるだろうか。／今日の若い人達の社会は取りも直さず明日の日本である。この人達は、まず日本に固有な文化を確実に把握し、そこから出発して冷静にまた友誼的に西洋の文化を理解すべきである！

（「日本の都市計画に寄せて」『改造』１９３５年４月号、引用は『続　建築とは何か』鹿島出版会、１９７８年、篠田英雄訳、１３７〜１３８ページ、による）

今日の日本は国民主義、民族主義の思潮の只中に立っている。私は日本の国民が、偏狭で唯我独尊的な民族主義に押し流されることなく、自主性をもって外来の文化を摂取し吸収するという日本の伝統的民族主義に立脚して、この国民が現代的住宅においても独自の価値を創造し、再び世界の文化に寄与されることを切に希望する。／私は、徒らな懐古主義や感傷主義に耽るつもりはない、むしろ私は文化の現代化を強く希望するものである。文化が感傷や懐古の方向をとると、そこからいかものが発生するだけである。しかし健全な現代的文化は、伝統を母胎としてのみ発生する。日本人は、外国の現代主義なるものをそのままにこの国に移入することを慎まねばならない。そして日本に独自な現代的文化を創造することに努めるべきである。いかなる国の文化でも、高い質をもつ限り、それはその国に独自であると同時に、全世界に対して普遍的意義をもつからである。
（「近代的住宅」『婦人之友』１９３４年10月号、引用は『続　建築とは何か』１５１ページ、による）

異国風なものに対する浅薄な感激は、恐らくヨーロッパ人――特にドイツ人の最も大きな欠点であった（しかし今日の日本は、少なくとも現在の発展段階においては、この欠点を共有しているのではあるまいか）。／外国の文物に対しては、徒らな感激ではなくて、理解ある愛情をもつことが必要である。私達は、このような愛情によって外面的な模倣を避けることができるだろう。外国のすぐれた作品に対する尊敬の念は、単なる模倣を許さないからである。このようにしてそれぞれ異なる国の文化の輪が、国と国との距たりを越えて大きく拡がり、これまでは単に異国的なものとしてのみ存在していたものが、今度は独自の価値をもつものとして人類の文化的活動の普遍的調和のなかで互いに結合し得るのである。／日本に独自の文化を深く理解することは、現代建築にとってますます必要であるように思われる。ところが世界の現代建築家は、今日では国際的衣裳の流行と殆どまったく同じ性格を帯びつつある。その結果、ゲーテの意味における世界市民主義ではなくて、浅薄な国際主義に堕してしまった。／いずれにせよ私達が、日本および日本人に学ぶべきところは極めて多くかつ広い、ただ問題は——どのようにして学ぶか、ということである。（「夏の日本家屋」［1933年8月執筆］、引用は『続　建築とは何か』204〜205ページ、による）

こうした考えに基づいてタウトは『日本文化私観』（明治書房、1936年、森儁郎訳）において、「第三日本」という考えを提示している。タウトによれば、「第一日本」とは、

第一日本、それは、今日も尚伊勢神宮に認められる、前史文化の独自な吸収同化を行ったあの「大和」時代のことである。

そして「第二日本」とは、

朝鮮及び支那文化を吸収してゐた当時のあの日本である。

（323ページ）

そしてその後に、これから未来に生まれ出ねばならないものが「第三日本」である。

（323ページ）

「第三日本」それは西欧の、地球上殆んど正反対の位置にある世界の文化の吸収同化の後に現はれる一つの渾一体である。

（325ページ）

第三日本への道は、まことに精神的欧羅巴に通じてゐるのである。／大多数の日本人が心に強い保守思想を抱いてゐるのであるが、それにも拘らず、是は真理である。／日本人が精神的欧羅巴に到達する為には、何よりもまづ精神的日本から出発しなければならない。同様に欧羅巴人が精神的日本に到達するには、精神的欧羅巴から出発しなければならないのである。／此の道を進む時、両者は始めて、より豊かとなるのである。其処に、率直明朗な相互扶助が現出し、与ふる者もまた大いに利する所あるに到るのであらう。／かく云へばとて、それは決して皮相的なインターナショナリズムでも、世界の単一化でも、また全地球を退屈なものにすることでもない。若しかゝることを目指すならば、その結果は、非文化の、即ち床の間の裏側の跳梁を招くに違ひない。それはロゴスの命令である。その命に従はざる時、ロゴスは恐るべき報を加へるのだ。日本は再び此のロゴスを満足させるやうに心がけて欲しいものである。

（336〜337ページ）

溝口はタウトのこの文を読んでいただろうか。そのことについて記した資料は何もない。しかしもし読んでいたとしたら、そこに溝口は自分の考えと近いものを感じただろうと思う。そしてタウトの日本の1930年代の現状に対する次のような鋭い批判を溝口はどう思っただろうか。

一体、第三日本——上述のごとき渾一せる文化の国日本の曙光は既に、微かながらも既に照り初めてゐるのであらうか。／率直に答へることが必要であるならば、「否《ナイン》」と答へざるを得ない。／国際外交上に於ける日本人の公然たる自讃は益々強く此の否定を確證するばかりであり、かゝる自讃そのものも、また単なる模倣に過ぎないのである。元来日本の良風に従へば、自讃といふことは最も厳に禁じられて居る所で、自分の物はつまらぬ物、賤しき物と謙遜するを以て良しとされてゐるのである。

（『日本文化私観』325ページ）

人が、自分は他人と異ふのだと云ひ張る時、それは常に自己の弱さの現はれである。民族間でもそれは全然同じことだ。「自己の特殊性」の強調される背後に隠されてゐるものは、劣等感や喪失せる自意識の心理的な煩悶であり、特色を失つた顔に歪んだ仮面を被せてゐるのである。

（同右、328ページ）

またタウトは桂離宮についてこう述べている。

何かある建築物に尊厳と高貴とを付与して、これを日常普通の生活から特立させる最も一般的な手法は、左右相称（シンメトリー）である。左右相称が、もともと宗教的起源をもつものであることは、今日ではもうほとんど知られていない。実際、古代においては神殿だけが厳密に左右相称であった。しかし古代ギリシアですら、シンメトリーは本来の神殿の建築体のみに限られ、参道や広場その他はまったく非相称的であり、すべて機能的（と言ってもよいであろう）に布置されていたのである。ところが古代ローマでは神殿、浴場、楕円形競技場その他の建築を行進道路の軸上に配置して、街路および建築物のもつ内的な意味を滅却したのである。この点でローマは、ギリシアの不肖の弟子であった。こうしてローマは、その世界支配によって、この軸思想を拡大し、硬化した左右相称を公的な建築の絶対的信条としたのである。／非相称の美や軸の曲折、あるいは主要な建物に斜めに付した玄関道などについては、日本で研究するのが最も当を得たやり方である。しかもこの点について、日本が古代ギリシアに酷似していることは、まことに奇とすべきであろう。私たちは日本で、一七世紀の古典的建築——京都近郊にある桂離宮に、純粋な機能的建築のいわば生ける実例を見ることができる。古代ギリシアの建築物もまた、きわめて機能的であったろうと推せられるが、しかし日本では、古典的建築の機能が今なお生きていて、私たちは機能が建築になりきっている実例をじかに見ることができるのである。／桂離宮には、三通りの機能がある。第一は——常一般の生活に関する機能（御寝の間、御化粧の間、御湯殿、御厠等）、第二は——ここに住まわれた方の執り行なう儀礼や謁見の際の機能、また第三は——茶室（松琴亭）とその付近の御庭とに集注されている哲学的精神の機能である。桂離宮が、今日すべての建築家にとって模範となる理由は、主要な建物と付属家屋および御庭とを含む結構全体の美が、いかなる点においてもありきたりの形式的定型に依拠していないところにある。それだから相称や軸が露骨な影響を及ぼしているようなな個所はひとつもない。このようなものは桂離宮の建築にはまったく不必要なのである。
（「すぐれた建築はどうしてできるか」『建築とは何か』２１６〜２１８ページ）

タウトは「相称」と「非相称」について、既に１９３４年９月12日の日記に簡潔に次のように書き記している。

私は非相称、或は——もっと正確に言えば——『相称《シンメトリー》の超越』は、建築芸術の真諦の最初の徴表だと言いたい。
（『日本—タウトの日記— 一九三四年』４４４ページ）

そして『タウト建築論講義』には次のような記述が見える。

まっすぐな直線、完全な円や立方体など、真に純粋な線は、観る者の眼を不安で落ち着かなくさせます。数学上の基本形態であるきわめて純粋な数学的図形が組み合わされたり、平行に配置されたりしているときは特にそうです。現実の大気や光は、どうやらこのような形を許容することができないようです。

抽象的なものは、思考のなかだけに存在します。現実となった抽象は耐え難いものです。これは形の世界だけでなく、人間社会にも当てはまります。

（175ページ）

（177ページ）

こうしてタウトによれば、建築の課題は次のようになる。

理論的に描かれた図面に変更を加えて位置をずらし、あらゆる細部に変化を与えることで、これを自然そして光と大気のある現実空間のなかに、描かれたものではなく建てられたものとして、つまり実在として見せることです。こうして建築物は、はじめて現実との関係を得るようになり、優れたプロポーションを保つことになるのです。

（177ページ）

タウトが「ずれ」とか「非相称」を重要視するのは、それが人間にとって心地よいからである（J・ポーゼナー「タウトの遺したもの」『ブルーノ・タウトと現代』岩波書店、1981年、所収、参照）。ところで「非相称」こそ溝口映画の画面づくりの基本であろうが、溝口もそうしたことを感じとっていたのだろうか。おそらくそうであろう。

またタウトは、プロポーションは時代をこえて一定不変のものであるが、しかしそれは数字であらわされる画一的なものではなく、「建造される国によって建築物が違う形を取ることで、建築の型が生まれ」、「それによって建築物は、その建物が呼び起こす前提条件や要求に対してプロポーションを保つ」(『タウト建築論講義』59ページ) のだという。そして「偉大な才能を持った建築家も、現実に立脚してはじめて建築作品を作ることができるのです。そのとき、ただひとつの要素が現実の基盤となっており、その他の現実的基盤はここから生じたにすぎません。それがすなわち風土なのです」(同、62ページ) と述べる。「風土こそ、プロポーションを規定する現実世界の基本的な要素」(同、89ページ) であり、そこに「地域色」(同、90ページ) と呼ばれる物がうまれる。だから、「ギリシアの輝かしい太陽や透き通った空のもとでは、日本の神社の美しさは、陸に打ち上げられた魚のように死んでしまう」(同、56ページ) し、「パルテノン神殿に見られる、比類なくきわめて独創的な、また模倣できない個々の細部は、アクロポリスで眺めたときにだけ無垢な美しさを見せ」(同、57ページ) る、ということになる。こうしてタウトは、1920年代のル・コルビュジェが主張した、世界の建築はみな同じものになるという考えに鋭く対立したのである。

私はこの「風土」とか「地域色」ということで、やはり溝口のことを思い浮かべる。前に述べたように、溝口は『浪華悲歌』において本格的な大阪弁を使うという画期的なことを実行したが、次の『祇園の姉妹』では京都弁、1938年の『あゝ故郷』では東北弁というように方言を使用した。彼は「土の臭ひ」という言葉を使って次のようにその重要性を主張した。

芸術作品に郷土の土の臭ひを感じさせるといふことは、その作品の味はひと親しみを非常に深めるものである。小説や戯曲の名作、名画、音楽、また一つの壺にも土の臭ひを感じさせるものがたくさんあつて、そのときは私は何よりもそれが興味深く嬉しく思はれて、その作品を見倦きぬものにさせてゐた。勿論、その時代やその社会を感じさせることは、それ以上に大事なことはいふまでもないが、そういふものはさらに土の臭ひを伴つてくる場合、いつさう生々として彷彿たらしめるものである。

（溝口健二「土の臭ひ」『キネマ旬報』1936年7月21日号）

既に1926年の「思ふことなど」（『日活』1926年6月号）において、伝統的な日本の文化と西洋の近代文化という「二つの流れを唯一つのものにコンデンス」することによって、「自分のもの」を創りだすことを体得していた溝口は、さらに日本の中の「土の臭ひ」（すなわち「地域色」）に深く入りこむことによって、「自分のもの」を確固たるものにしたのだ。それは模倣を排し、独創を唱えたタウトに通じる。タウトが「地域色」を重視して、プロポーションという普遍的な理念を提出したように、溝口もまた「土の臭ひ」を重視しつつ、「自分のもの」＝独創を生みだすことによって映画における普遍的価値の創出を目指したのである。

タウトについては、その天皇制観など、まだまだ考えなければならないことが沢山あるが、それは溝口の戦時中の動きとからめて何時かまとめてみたい。ここでは最後にタウトの来日から死までの動向と溝口のそれとを簡潔に記して締めとしたい。

タウトは１９３３年５月３日に来日、京都の下村正太郎邸に居住する。溝口はその年の３月から５月まで『滝の白糸』を製作し、６月１日に公開している。溝口のこの頃の住まいは京都市右京区花園寺中町４であった。８月には『祇園祭』を公開。

一方、タウトは１９３３年７月に京都を去って葉山に移転するが、９月には東京、その下旬には再び京都の下村邸に戻るというように、半年の間に慌ただしくあちこちに転居することになる。しかし１９３３年11月に商工省工芸指導所の嘱託として仙台に赴任するが、１９３４年３月に辞任して仙台を去る。同年８月１日に高崎市少林山達摩寺に居を移し、ここに離日するまで腰を落ち着けることになる。

溝口は１９３４年２月に『神風連』、９月に『愛憎峠』、１９３５年１月に『折鶴お千』、５月に『マリヤのお雪』、10月に『虞美人草』、１９３６年５月に『浪華悲歌』、10月15日に『祇園の姉妹』を公開する。住居は１９３４年４月に渋谷区代々木山谷に、９月に京都市右京区御室双和郷へ、１９３６年10月に東京市淀橋区下落合に移っている。

タウトは１９３６年10月15日、奇しくも『祇園の姉妹』が封切られたその日に日本を離れ、トルコに行く。そして１９３８年12月にイスタンブールで死去。58歳であった。溝口もまた１９５６年に58歳で死去している。奇しき因縁である。

年表

	村野藤吾	溝口健二
1891	佐賀県唐津に生まれる	
1898		東京湯島に生まれる
1903	福岡県八幡に移る	
1905		浅草に移る
1906		石浜小学校入学
1907	小倉工業学校機械科に入学	
1913	東京に移り、早稲田大学高等予科に入学後、電気科に進む	
1915	本科建築科へ転科	
1918	早稲田大学理工学部建築科卒業 大阪の渡辺節建築事務所入所	神戸又新日報に入社、賀川豊彦の社会運動を間近に見る

1919	「様式の上にあれ」発表	
1920		日活向島に助監督として入社
1923		監督に昇進、『血と霊』
1924		『さみだれ草紙』『無銭不戦』
1926		『紙人形春の囁き』
		「思ふことなど」発表
1929	渡辺節事務所を退所、独立する	『日本橋』『都会交響楽』
1930	ヨーロッパからアメリカへと	初のトーキー『ふるさと』
	建築研究のため旅行	『唐人お吉』
		プロキノ友の会に入る
1931	『森五商店』『大阪パンション』	『しかも彼等は行く』
	『神戸大丸舎監の家』	
1932	『加能合同銀行』『中島商店』	『時の氏神』
1933	『キャバレー・アカダマ』	『滝の白糸』
1934	『ドイツ文化研究所』	『神風連』
	『中山悦治邸』	
1935	『そごう百貨店』	『マリヤのお雪』『虞美人草』

1936　　『浪華悲歌』『祇園の姉妹』
1937　『宇部市渡辺翁記念会館』
1939　　『残菊物語』
1941　『中林仁一郎邸』　『元禄忠臣蔵・前篇』
1942　　『元禄忠臣蔵・後篇』
1952　　『西鶴一代女』
1953　　『雨月物語』
1954　『世界平和記念聖堂』　『山椒大夫』『近松物語』
1956　　『赤線地帯』　没
1957　『読売会館』
1963　『日本生命日比谷ビル』
1966　『千代田生命本社ビル』
　　『カトリック宝塚教会』
1971　『箱根樹木園休息所』
1975　『小山敬三美術館』
1983　『谷村美術館』
1984　没

佐相　勉（さそう　つとむ）

1948年生まれ。著書に『1923溝口健二「血と霊」』（筑摩書房、1991）、『溝口健二・全作品解説』１～13巻（近代文藝社、2001～2017）、編書に『映画読本　溝口健二』（フィルムアート社、1997）、『溝口健二著作集』（オムロ、2013）、論文に「日活向島時代の溝口健二⑴」（『映画史研究』No. 23、1990）、「喜劇監督溝口健二」（『ユリイカ』1992年10月号）、「溝口健二と鈴木健作」（『別冊太陽　映画監督溝口健二』1998）、「溝口健二・失われたフィルムが語るもの」（『NFCニューズレター』第69号、2006）がある。

溝口健二・全作品解説　14
『浪華悲歌』その1　～大阪モダンと村野藤吾～

2021年7月15日　初版第1刷発行

著　　者　佐相　勉
発 行 者　中田典昭
発 行 所　東京図書出版
発行発売　株式会社 リフレ出版
〒113-0021　東京都文京区本駒込 3-10-4
電話（03）3823-9171　FAX 0120-41-8080
印　　刷　株式会社 ブレイン

ISBN978-4-86641-409-6 C0074
Printed in Japan 2021
日本音楽著作権協会（出）許諾第2103749-101号